中国語ステップ40 第2版

菊田正信・黄麗華 [著]

大修館書店

> 本書には，別売カセットテープが
> あります。ご注文は，はさみ込み
> の申し込み葉書をご利用ください。

本テキストの"拼音字母"の記し方について

① "拼音字母"は，発音を示すと同時に，意味の区切りや文法上の働きを示唆してくれる。このテキストでは，文法上の理解が得やすいように，つづりの分かち方が一般のそれと違っている場合がある。
② また，ふつうのスピードで発音すれば軽声化する音節に，声調符号を付けて本来の声調を示した場合がある。このような軽声化の現象は相対的なもので，本来の声調を身につけておいた方が，かえって実際の発音の流れになじめると考えたからである。

はじめに

　このテキストは，中国語を学んでいくための基盤づくりをまずは考えた。そのために，ぜひとも覚えておくべき短文を40用意した。この40の短文を2つずつセットにして1～20課に段階的に配置してある。この40の短文には中国語の基礎となる事項が織りこんであるので，この40の短文を柱に勉強を進めてほしい。「ステップ40」と名づけたゆえんである。木に例えれば，この40の短文は幹のようなもので，この幹が高く伸びていくに従って枝葉がつき，やがて緑豊かな大木に育っていくであろう。もちろん辞書もどんどん引かねばならない。辞書を引いて「練習」に挑戦し，「読んでみよう」とじっくりつきあってほしい。辞書を引かなくては育つものも育たない。

　どんなことばであれ，ことばを学ぶことは容易なことではない。ことばを学ぶためには，努力のつみ重ねあるのみで，まさに"王道なし"なのだが，ことばを学ぶためのよりよい環境——教材、カリキュラム等々が提供されるべきであろう。しかし，用意される環境が時として，学ぶ上での障害、制約となる場合もあり得るのである。中国語の環境はどうであろう。大学のいわゆる第二外国語の教室は，いま多数の履修者を迎えながら，よりよい環境を構築すべく試行錯誤をくり返している。まず求められるのは，教育内容の基準を示すことであり，そのための理論を用意することであろう。このテキストもそのような試みの一つとして編んだ。ご意見、ご批判をいただければ幸いである。

　なお，テキストの「読んでみよう」は黄が，その他は菊田が担当執筆した。最後になったが，大修館書店の池田菜穂子さんに感謝したい。池田さんの提言、助言、苦言なしにはこのテキストは生まれなかった。

　　　1997年10月　　　　　　　　　　　　　　　　　　　　　　　　　　　著　者

はじめに（第2版）

　「中国語ステップ40」は，従来の入門テキストとは異なったコンセプトの下に著したが，幸い，発刊して5年，多くの方々のご理解を得て，大学の教室はじめさまざまの場でご使用いただいた。また，建設的なご意見もお寄せいただいた。この場を借りてお礼申しあげる。この度，いただいたご意見も参考にして，第2版を刊行することとなった。さらなるバックアップをお願いする。

　　　2002年10月　　　　　　　　　　　　　　　　　　　　　　　　　　　著　者

[目次]

中国語とその表記		6

0	[発音]		8

　　　　　　　　　　　　　　　　　　　　　　　　日常のあいさつ

〈表〉声母と韻母の組み合わせ

1	来不来？	◎肯定と否定	22
	[来るの？]	◎正反疑問文	

　　　　　　　　　　　　　　　　　　　　　発音メモ　-n か -ng かの判別

2	来了没有？	◎已然と未然	26
	[来ているの？]	◎正反疑問文〔已然・未然の場合〕	

　　　　　　　　　　　　　　　　　　　　　　　　　発音メモ　e の発音

3	给我词典	◎"买"型の動詞	30
	[わたしに辞書をくれる]	◎"给"型の動詞	

　　　　　　　　　　　　　　　　　　　　　　　　人称を示すことば

4	买什么？	◎疑問点疑問文	34
	[何を買うの？]	◎"吗"疑問文	

　　　　　　　　　　　　　　　　　　　　　　　　　発音メモ　i の発音

5	不是我的钢笔	◎名詞につける修飾語(1)	38
	[わたしのペンではありません]	◎"是"の文	

　　　　　　　　　　　　　　　　　　　　　　　　指示することば

6	叫什么名字？	◎"是"の文の亜種	42
	[お名前は？]	◎動詞"叫"の使い方のひとつ	

　　　　　　　　　　　　　　　　　　　　　　　　数のとなえ方①

7	没有书包	◎場所を示す接尾語	46
	[カバンがない]	◎"有"の文	

8	来了客人	◎〔数詞＋量詞（＋名詞）〕	50
	[お客さんが来た]	◎"有"の文のバリエーション	

　　　　　　　　　　　　　　　　　　　　　　　場所を指示することば

9	那件不便宜	◎〔指示することば（＋数詞）＋量詞（＋名詞）〕	54
	[あれは安くない]	◎形容詞を述語とする文	

10	网球打得真好 [テニスがほんとに上手だ]	◎動作の結果 ◎主題	58
11	你听得懂听不懂? [あなた聞いて分かりますか?]	◎名詞につける修飾語(2) ◎動作とその結果の複合語	62
12	学了几个月了? [もう何か月勉強したの?]	◎分量を示すことば ◎述語にそえる"了"	66

(年月日、曜日、時刻の言い方)
(年数、月数、日数、時間数の言い方)

13	一块儿来学习吧 [いっしょに勉強しよう]	◎助動詞 ◎動詞(句)の前の"来""去""在"	72
14	在学校门口等你 [学校の入り口で待ってるよ]	◎前置される動詞(句) ◎介詞句	76
15	把照相机带来吧 [カメラを持っておいでよ]	◎動詞(句)にそえる"去""来" ◎介詞"把"	80
16	打扫得干干净净的 [きれいに掃除してある]	◎動詞の重ね型 ◎形容詞の重ね型	84
17	被老王拿走了 [ワンさんに持っていかれた]	◎"叫"型の動詞 ◎受け身	88
18	他是昨天来的 [彼はきのう来たのです]	◎"知道"型の動詞 ◎説明の文	92

(数のとなえ方②)

19	不是喝啤酒吗? [ビールを飲むんじゃないの?]	◎選択疑問文 ◎強めの言い方(反語)	96
20	什么也没有了 [何もなくなった]	◎強めの言い方(取り立て) ◎"有"の文の補足句	100

中国語とその表記

● 「中国語」
　中国には，総人口の94パーセントを占める漢族のほかに，チベット族、ウイグル族、チワン族、ミャオ族、ホイ族、モンゴル族、……など55の，いわゆる少数民族が住んでいる。各民族は，その多くがそれぞれに固有の言語を使用するが，中国を代表する言語としては，漢族の言語——漢語（中国語では"汉语"Hànyǔ）が使われる。これをわれわれはふつう，「中国語」（中国語では"中文"Zhōngwén／"中国话"Zhōngguóhuà）と呼んでいる。

● "普通话"
　中国語は，広大な地域で歴史を重ねながら，現在では12億以上の人々が使用している言語である。当然，方言がさまざまに生まれた。大きな方言区の方言として，北方方言、上海方言、福建方言、広東方言、客家方言などがよく知られている。一方，社会的、経済的活動が広がるにつれて，方言を越えて通用する共通語が求められてきた。現在，"普通话"pǔtōnghuàと呼ばれる共通語の規範化と普及が積極的に進められている。"普通话"は，(1)北京語の発音を標準とし，(2)北方方言を基礎的な方言とし，(3)規範的な現代口語文の著作を文法の基準とする（1956年の決定），とされている。"普通话"の普及はめざましく，公の場では"普通话"が使われる。これから学ぶ中国語は，この"普通话"である。

● "拼音字母"
　中国語はもちろん漢字で書かれるが，漢字だけでは正確な発音が示されない。そこで，発音を示すために，"拼音字母"pīnyīn zìmǔと呼ばれるローマ字による発音表記法が考案されている（1958年に決定）。われわれの使うテキスト、辞書などの発音表記もこの"拼音字母"によっている。これをふつう「ピンイン」と簡称している。中国語を学ぶ第一歩はこのピンインの習得から始まる。

● "简体字"

　中国で使用されている簡略化された漢字を"简体字"jiǎntǐzì（あるいは"简化字"jiǎnhuàzì）と呼ぶ。従来の繁体字に代わって正字として定められたもので，いわゆる略字と考えるべきではない。1955年から1964年にわたって，2238字の簡略化が行われた。民間で俗字として使われていたものが多数採用されているが，簡略化の仕方は次のような原則によっている。

(1) 偏や旁などを簡単な形にする。

　　　説→说　　結→结　　針→针　　創→创　　漢→汉

(2) 字体全体を簡単な形にする。

　　　風→风　　國→国　　傘→伞　　會→会　　頭→头

(3) 字体の一部を残す。

　　　兒→儿　　飛→飞　　習→习　　開→开　　業→业

(4) 草書体をとり入れる。

　　　車→车　　專→专　　為→为　　馬→马　　書→书

(5) 意味を考慮して新しい字をつくる。

　　　孫→孙　　陰→阴　　筆→笔　　隊→队　　塵→尘

(6) 意味と発音を考慮して新しい字をつくる。

　　　驚→惊　〔"驚"は"京"と同音。"忄"（心）は意味を示している〕
　　　護→护　〔"護"は"戸"と同音。"扌"（手）は意味を示している〕

(7) 発音を示す部分を簡単な同音ないし近似音の字体に代える。

　　　億→亿　　憶→忆　　藝→艺〔いずれも"乙"の近似音〕
　　　園→园　　遠→远〔"園"は"元"と同音，"遠"は"元"の近似音〕

(8) 簡単な同音ないし近似音の字に代える。

　　　隻→只　　幾→几　　颳→刮　　衝→冲　　醜→丑

　なお"简体字"とはされないが，漢字の筆画を少なくするために字体を若干変えて，書き方を単純化したものがある。

　　　叫→叫〔丨 口 叩 叫（5画）〕
　　　骨→骨〔丨 冂 冎 咼 冎 骨 骨 骨（9画）〕
　　　着→着〔丷 䒑 兰 芐 芐 羊 着 着 着（11画）〕

0 発音

◎中国語の音節

　中国語では，一つの意味が一つの音節で言い表されるのが原則。そして，その一つの音節は一つの漢字で書き表される。逆に言うと，漢字１字は１音節になるのが原則である。
　１音節は基本的には次のように，「声母」と「韻母」とが組み合わされた形に，高さ低さのアクセントである「声調」がついた構造になっている。

音節（例字）	「声母」	「韻母」	「声調」
mā（妈）	m-	-a	-
xiǎo（小）	x-	-iao	ˇ
zhāng（张）	zh-	-ang	-
shén（什）	sh-	-en	´
yuè（月）		yue	`

　声母は必ず子音だが，声母を欠く音節もある。韻母は母音（単母音あるいは複母音）あるいは母音＋鼻子音（-n あるいは -ng）の形をしている。

◎声調

　各音節には基本的に，高低や上がり下がりの調子——「声調」がついている。"普通话"には四種の声調があるので，「四声」と呼ぶこともある。四種の声調は次のとおり。

(声調名)　　（声調符号）

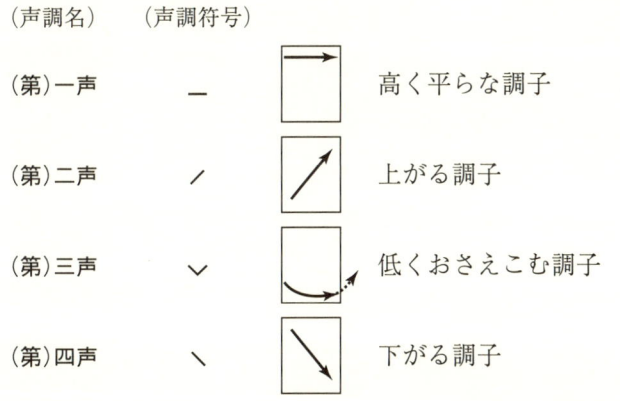

(第)一声　　　　￣　　　　　　　　　　　　高く平らな調子

(第)二声　　　　／　　　　　　　　　　　　上がる調子

(第)三声　　　　∨　　　　　　　　　　　　低くおさえこむ調子

(第)四声　　　　＼　　　　　　　　　　　　下がる調子

◇声調符号のつけ方
①母音の上につける。
②複母音のときは，主母音の上につける。a があればその上に，e か o があればその上に，iu と ui の場合は（主母音が消えているので）後ろの方につける。
③軽声にはつけない。（感嘆詞にもつけないことがある。）
　なお，i につける時には ī, í, ǐ, ì のようにする。

　(第)三声は低くおさえこむ調子だが，その(第)三声のあとにさらにほかの音が続かないときには，低くおさえこんだ調子のあとに，短くややしり上がりの調子が加わって，いくぶん長めに発音される。

　なお，本来の声調が一時的に弱まって軽く短く発音されることがあるが，これを「軽声」と呼ぶ。また，もともと声調がなく常に軽く短く発音されるものが若干あるが，これも軽声と呼ぶ。軽声の音節には声調符号をつけない。

練習①

1. ā　á　ǎ　à
2. mā　má　mǎ　mà
3. Māma qí mǎ, mǎ màn, māma mà mǎ.

a：口を大きく開けて「ア」。
ma：鼻をひびかせて「マ」。
qi：唇を左右にひき，息を強く出して「チ」。
man：「マㇴ」。「ㇴ」で舌先を上の歯ぐきにつける。

◎韻母

韻母は，声母と組んで音節を構成するときのつづり（下記の枠内の上段）と，声母と組まずに韻母だけで音節を構成するときのつづり（下段）とが異なることが多い。（複母音及び鼻音を伴う母音の[i]、[u]、[y]で始まるつづりは上段と下段とですべて異なる。）発音は基本的に同じとしてよいが，異なるものが若干ある。

1．単母音

| -a | [a] | -o | [o] | -e | [ɤ] |
| a | | o | | e | |

| -i | [i] | -u | [u] | -ü* | [y] |
| yi | | wu | | yu | |

＊j-、q-、x-と組むときは-uとつづる。

◇このほか，4．のer（→p.13）及び5．の-i[ɿ]、-i[ʅ]（→p.13）も単母音の仲間である。
-a、a：口を大きく開けて「ア」。
-o、o：唇をまるくして「オ」。
-e、e：口をやや左右に開き「オ」。
-i、yi：唇を左右に強く引いて「イ」。
-u、wu：唇をまるくつき出して「ウ」。
-ü、yu：唇をすぼめて「ュイ」。

練習②

1. ā ē   2. ō ē
3. yī wū 4. yī yū
5. wū yū 6. ē wū

2．複母音

| -ai | [aI] | -ei | [eI] | -ao | [ɑu] | -ou | [ou] |
| ai | | ei | | ao | | ou | |

-ai、ai：「アィ」。
-ei、ei：「エィ」。eは日本語の「エ」に近い。
-ao、ao：「アゥ」。
-ou、ou：「オゥ」。uで唇をさらにつき出す。

([i] で始まるもの)

-ia / ya	[ia]	-ie / ye	[iɛ]	-iao / yao	[iɑu]	-iu* / you	[i°u] / [iou]

＊-iu は本来 -iou なのだが，声母と組むと，o が弱化するので -iu とつづる。

([u] で始まるもの)

-ua / wa	[uɑ]	-uo / wo	[uo]	-uai / wai	[uaI]	-ui* / wei	[uᵉI] / [ueI]

＊-ui は本来 -uei なのだが，声母と組むと e が弱化するので，-ui とつづる。

([y] で始まるもの)

-üe* / yue	[yɛ]

＊j-、q-、x- と組むときは -ue とつづる。

練習③

1. āi　ēi　　　2. āo　ōu
3. yā　yē　　　4. yāo　yōu
5. wā　wō　　　6. wāi　wēi
7. yuē　yē　　　8. ōu　wō

3. 鼻音（-n あるいは -ng）を伴う母音

-an / an	[an]	-en / en	[ən]	-ang / ang	[ɑŋ]	-eng / eng	[ɣŋ]

-ia、ya：「イア」。
-ie、ye：「イエ」。e は日本語の「エ」に近い。
-iao、yao：「イアゥ」。
-iu：「イゥ」。場合によって i と u の間に弱い「ォ」。
you：「イオゥ」。

-ua、wa：唇をまるくしてから「ゥア」。
-uo、wo：唇をまるくしてから「ゥオ」。
-uai、wai：唇をまるくしてから「ゥアィ」。
-ui：「ゥィ」。場合によって u と i の間に弱い「ェ」。
wei：唇をまるくしてから「ゥエィ」。e は日本語の「エ」に近い。

-üe、yue：唇をすぼめてから「ュエ」。e は日本語の「エ」に近い。

-an、an：「アヌ」。「ヌ」で舌先を上の歯ぐきにつける。
-en、en：「エヌ」。e は日本語の「エ」に近い。
-ang、ang：「アン」。「ン」で口を開けて鼻をひびかせる。
-eng、eng：e は口をやや左右に開き「ォ」。「ォン」。

([i] で始まるもの)

| -ian / yan | [iɛn] | -in / yin | [in] | -iang / yang | [iaŋ] | -ing / ying | [iŋ] |

([u] で始まるもの)

| -uan / wan | [uan] | -un* / wen | [uºn] / [uən] | -uang / wang | [uaŋ] | -ong / weng | [uŋ] / [uɣŋ] |

＊ -un は本来 -uen なのだが，声母と組むと e が弱化するので -un とつづる。

([y] で始まるもの)

| -üan* / yuan | [yan] | -ün* / yun | [yn] | -iong / yong | [yuŋ] |

＊ j-、q-、x- とだけ組み，実際は -uan、-un とつづる。

〈-n と -ng〉

鼻音の -n あるいは -ng で終わる韻母は次のように対立した関係にある。

-an an	-en en	-ian yan	-in yin	-uan wan	-un wen	-üan yuan	-ün yun
|	|	|	|	|	|		|
-ang ang	-eng eng	-iang yang	-ing ying	-uang wang	-ong weng		-iong yong

この -n、-ng は日本語では区別していない音なので，例えば an も ang も同じ「アン」に聞こえてしまうが，"普通話"ではこの二つをはっきり区別しなくてはならない。

-n で終わるときは，日本語の「アンナイ」の「ン」のように，舌先をすばやく上の歯ぐきに強くあてて息を鼻にぬく。

-ng で終わるときは，日本語の「アンガイ」の「ン」のように，口をあんぐり開けて息を鼻にぬく。舌先はどこにもつかない。

-ian、yan：「ｨエヌ」。a が前後の狭い音にはさまれて「エ」に近い音。
-in、yin：「ｨヌ」。
-iang、yang：「ｨアン」。
-ing、ying：「イン」。
-uan、wan：唇をまるくしてから「ｩアヌ」。
-un：「ｩヌ」。場合によって u と n の間に弱い「ェ」。
wen：唇をまるくしてから「ｩエヌ」。
-uang、wang：唇をまるくしてから「ｩアン」。
-ong：唇をまるくしてから「ｩン」の感じ。
weng：e は口をやや左右に開いて「ォ」。「ｩォン」。
-üan、yuan：唇をすぼめてから「ｭアヌ」。
-ün、yun：唇をすぼめてから「ｭｨヌ」。
-iong、yong：唇をすぼめてから「ｭウン」。

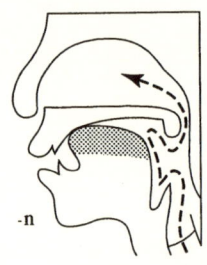
-n

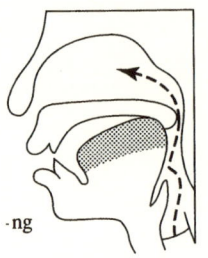
-ng

練習④

1. ān　āng　　2. ēn　ēng
3. yān　yāng　　4. yīn　yīng
5. wān　wāng　　6. wēn　wēng
7. yūn　yōng　　8. yuān　yūn
9. āng　ēng

4．そり舌母音

```
…
er[ər]
```

er：eの発音をしながら、舌先を奥に引いて舌先をそりあげる。「アル」。

練習⑤

1. é　ér　　2. ě　ěr
3. è　èr

5．-i [ʅ]、-i [ɿ]

```
-i＊[ʅ]
…
```

＊ zh-、ch-、sh-、r- とだけ組む韻母（→ p.15）。

```
-i＊[ɿ]
…
```

＊ z-、c-、s- とだけ組む韻母（→ p.16）。

◎声母

1．唇音

```
b- [p]    p- [pʻ]    m- [m]    f- [f]
```

b-：「(ッ)」で息をためこんで「(ッ)バ」「(ッ)ビ」「(ッ)ブ」「(ッ)ベ」「(ッ)ボ」のように。
p-：「(ッ)パ」「(ッ)ピ」「(ッ)プ」「(ッ)ペ」「(ッ)ポ」のように。
m-：唇を強くあわせて「マ」「ミ」「ム」「メ」「モ」。
f-：上の歯を下唇につけて「フ」。

〈無気音と有気音〉

　日本語には清音と濁音との対立（「カ」の子音と「ガ」の子音のように）があるが，中国語にはこの対立はなく，かわって無気音と有気音との対立（無気音と有気音はいずれも清音）がある。次のように6組の対立がある。

無気音	b-	d-	g-	j-	zh-	z-
有気音	p-	t-	k-	q-	ch-	c-

　無気音は，発音するときの破裂が弱く，息の流れがはっきりしない。bo ならば「(ッ)ボ」（「(ッ)」で息がつまる感じ）のように，息をためこんでおいて，いきなり韻母を発音する要領。濁音にはならない。
　有気音は，破裂が強く，激しい息の流れを伴う。po ならば「(ッ)ポ」のように，ためこんでおいた息を強くはき出して，韻母を軽くそえる要領。

練習⑥

1．bō　pō　　　2．mó　fó

2．舌尖音

```
d- [t]    t- [tʻ]    n- [n]    l- [l]
```

d-：「(ッ)」で息をためこんで「(ッ)ダ」「(ッ)デ」「(ッ)ド」のように。
t-：勢いよく息を出して「(ッ)タ」「(ッ)テ」「(ッ)ト」のように。
n-：「ナ」「ニ」「ヌ」「ネ」「ノ」のように。
l-：「ラ」「リ」「ル」「レ」「ロ」のように。

練習⑦

1．dé　tè　　　2．né　lè
3．diū　duī　　4．tūn　tōng
5．néng　nóng　6．liǔ　lǚ

3．舌根音

| g- [k]　　k- [kʻ]　　h- [x] |

練習⑧

1. gē　kē　　　　2. kè　hè
3. hǔ　fǔ

g-：「(ッ)」で息をためこんで「(ッ)ガ」「(ッ)グ」「(ッ)ゴ」のように。
k-：勢いよく息を出して「(ッ)カ」「(ッ)ク」「(ッ)コ」のように。
h-：息を強く出して「ハ」「フ」「ホ」のように。

4．舌面音

| j- [tɕ]　　q- [tɕʻ]　　x- [ɕ] |

練習⑨

1. jī　qī　　　　2. qī　xī
3. xún　xióng

j-：「(ッ)」で息をためこんで「(ッ)ヂ」。
q-：勢いよく息を出して「(ッ)チ」。
x-：息を強く出して「シ」。
zh-：舌先をそりあげ、「(ッ)」で息をためこんで「(ッ) ヂ」。
ch-：舌先をそりあげ、勢いよく息を出して「(ッ)チ」。
sh-：舌先をそりあげて「シ」。
r-：舌先をそりあげて「リ」。

5．そり舌音

| zh- [tʂ]　　ch- [tʂʻ]　　sh- [ʂ]　　r- [ʐ] |

＊ zh-、ch-、sh-、r- と組む -i は［i］ではなく［ɿ］。zh-、ch-、sh-、r- を発音するとあとに自然に残る母音。

〈そり舌音〉

　zh-、ch-、sh-、r- は「そり舌音」と呼ばれ、日本語にはない発音。舌を奥に引きながら、舌先を歯ぐきよりやや上方に向けてそりあげるのが基本。
　zh- は無気音。舌先のうら側を上方につけ、息をためこんでおいて、「(ッ)ヂ」。ch- は有気音。同じように息をためこんで、息を強く出して「(ッ)チ」。
　sh- は舌先をそりあげたまま（上方につけない）で「シ」。r- も同じ形で「リ」。r- は濁音になる。

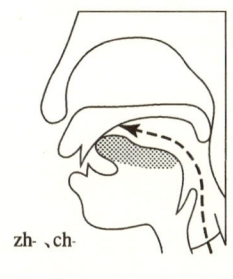

zh-、ch-

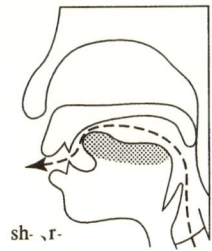

sh-、r-

練習⑩

1. zhī　chī　　　2. shì　rì
3. zhī　jī　　　4. chí　qí
5. shǐ　xǐ　　　6. rè　lè

6．舌歯音

z- [ts]　　c- [ts']　　s- [s]

＊z-、c-、s-と組む-iは[i]ではなく[ɿ]。z-、c-、s-を発音するとあとに自然に残る母音。

z-：「(ッ)」で息をためこんで「(ッ)ザ」「(ッ)ズ」「(ッ)ゼ」「(ッ)ゾ」のように。
c-：勢いよく息を出して「(ッ)ツ」。
s-：息を強く出して「サ」「ス」「セ」「ソ」のように。

練習⑪

1. zī　cī　　　2. cī　sī
3. zǐ　zǔ　　　4. cì　cù
5. sī　sū

◎声調変化

1．(第)三声の連続

(第)三声は低くおさえこむ調子が基本だが，その(第)三声のあとにさらにまた(第)三声(軽声化した場合もふくむ)が続く場合には，前のほうの(第)三声は(第)二声のように上がる調子に発音される。

例：手表　shǒubiǎo　　　展览馆　zhǎnlǎnguǎn

 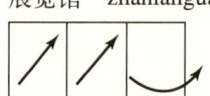

哪里　nǎli　　　等等　děngdeng

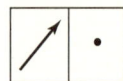 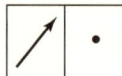

◇(第)三声に声調変化が起こる場合，声調符号はもとのまま(第)三声につけてあるので，発音するとき注意が必要。

◇"哪里"の"里"liはlǐが軽声化したもの。"等等"のあとの方の"等"dengもděngが軽声化したもの。

なお，あとに続く音節が，((第)三声が軽声化したものに見えても) もともと声調のない絶対的な軽声である場合がある。この場合には，上のような変化は起こらない。

例：姐姐　jiějie　　　　椅子　yǐzi

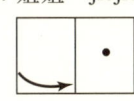 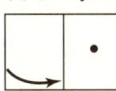

◇(第)三声が続いているように見えても，あとの音節が絶対的な軽声である語は，"姐姐" jiějie (「姉」)などの親族名称や"椅子" yǐzi (「椅子」)のように接尾辞"子"-ziのついた語に多い。

2．"不" bù の声調変化

"不"は本来，(第)四声にbùと発音されるが，"不"のあとに(第)四声が続く場合には，(第)二声にbúと変化して発音される。

例：不　　bù
　　不吃　bù chī
　　不来　bù lái
　　不走　bù zǒu
　　不去　bú qù

3．"一" yī の声調変化

"一"は本来，(第)一声にyīと発音されるが，"一"のあとに(第)一、二、三声が続く場合には(第)四声にyìと変化し，(第)四声が続く場合には，(第)二声にyíと変化して発音される。

例：一　　yī
　　一千　yì qiān
　　一年　yì nián
　　一百　yì bǎi
　　一万　yí wàn

なお，序数の場合は変化しない。

例：一月　yī yuè

◇ "不""一"に声調変化が起こるとき，声調符号はふつう，その変化した符号で示してある。

◎ r化

単語のなかには，語尾のところで舌先がそり上げられて発音されるものがある。このそり舌化の現象を「r化」と呼ぶ。r化する場合，ピンインのつづりには"r"を書きそえて示す。漢字には何も書きそえないのがふつうだが，"儿"を書きそえて示すこともある。

舌先をそりあげやすくするために，語尾のところで発音が変化するものがある。

① a、o、e、u で終わるものは，そのままr化する。
　　例：哪儿　nǎr
② ai、ei、an、en で終わるものは，i、n をとってr化する。
　　例：玩儿　wánr……wár のように発音
③ ui、in、un、ün で終わるものは，最後の i、n をとって e をそえてr化する。
　　例：一会儿　yíhuìr……yíhuèr のように発音
④ zhi、chi、shi、ri、zi、ci、si では，i をとって e をそえてr化する。
　　例：字儿　zìr……zèr のように発音
⑤ 上記以外の i、ü で終わるものは，e をそえてr化する。
　　例：鸡儿　jīr……jiēr のように発音
⑥ ing で終わるものは，ng をとって鼻音化した e をそえてr化する。
　　例：病儿 bìngr……bièr（e を鼻音化）のように発音
⑦ 上記以外の ng で終わるものは，ng をとってその前の母音を鼻音化させてr化する。
　　例：空儿　kòngr……kòr（o を鼻音化）のように発音

◇ピンインではr化による発音の具体的な変化は示されないので，発音するとき注意が必要。

日常のあいさつ

您 早！ Nín zǎo！	（お早うございます！）	你 早！ Nǐ zǎo！	（お早う！）
你 来 了！ Nǐ lái le！	（いらっしゃい！）	你 好！ Nǐ hǎo！	（こんにちは！）
谢 谢 你！ Xièxie nǐ！	（ありがとうございます！）	不 客 气！ Bú kèqi！	（どういたしまして！）
对 不 起！ Duìbuqǐ！	（ごめんなさい！）	没 关 系！ Méi guānxi！	（いえ, だいじょうぶです！）
打 搅 了！ Dǎjiǎo le！	（おじゃましました！）	没 什 么！ Méi shénme！	（いえ, 別に！）
麻 烦 你 了！ Máfan nǐ le！	（ご面倒をおかけしました！）	哪 儿 的 话！ Nǎr de huà！	（いえ, とんでもない！）
辛 苦 了！ Xīnkǔ le！	（ご苦労さまでした！）	哪 里, 哪 里！ Nǎli, nǎli！	（いえ, いえ！）
请 喝 茶 吧！ Qǐng hē chá ba！	（お茶をどうぞ！）	别 客 气！ Bié kèqi！	（おかまいなく！）
现 在 几 点 钟？ Xiànzài jǐ diǎn zhōng？	（いま何時ですか？）	两 点 二 十 分。 Liǎng diǎn èrshí fēn.	（2時20分です。）
这 个 多 少 钱？ Zhè ge duōshao qián？	（これはいくらですか？）	三 块 四 毛 五。 Sān kuài sì máo wǔ.	（3元4角5分です。）
再 见！ Zàijiàn！	（さようなら！）	明 天 见！ Míngtiān jiàn！	（また明日！）

声母と韵母の组み合わせ

韵母＼声母	-a	-o	-e	-i [ɿ]	-i [ʅ]	-ai	-ei	-ao	-ou	-an	-en	-ang	-eng	(er)	-i	-ia	-ie	-iao	-iu
b-	ba	bo				bai	bei	bao		ban	ben	bang	beng		bi		bie	biao	
p-	pa	po				pai	pei	pao	pou	pan	pen	pang	peng		pi		pie	piao	
m-	ma	mo	me			mai	mei	mao	mou	man	men	mang	meng		mi		mie	miao	miu
f-	fa	fo					fei		fou	fan	fen	fang	feng						
d-	da		de			dai	dei	dao	dou	dan	den	dang	deng		di		die	diao	diu
t-	ta		te			tai		tao	tou	tan		tang	teng		ti		tie	tiao	
n-	na		ne			nai	nei	nao	nou	nan	nen	nang	neng		ni		nie	niao	miu
l-	la		le			lai	lei	lao	lou	lan		lang	leng		li	lia	lie	liao	liu
g-	ga		ge			gai	gei	gao	gou	gan	gen	gang	geng						
k-	ka		ke			kai	kei	kao	kou	kan	ken	kang	keng						
h-	ha		he			hai	hei	hao	hou	han	hen	hang	heng						
j-															ji	jia	jie	jiao	jiu
q-															qi	qia	qie	qiao	qiu
x-															xi	xia	xie	xiao	xiu
zh-	zha		zhe		zhi	zhai	zhei	zhao	zhou	zhan	zhen	zhang	zheng						
ch-	cha		che		chi	chai		chao	chou	chan	chen	chang	cheng						
sh-	sha		she		shi	shai	shei	shao	shou	shan	shen	shang	sheng						
r-			re		ri			rao	rou	ran	ren	rang	reng						
z-	za		ze	zi		zai	zei	zao	zou	zan	zen	zang	zeng						
c-	ca		ce	ci		cai		cao	cou	can	cen	cang	ceng						
s-	sa		se	si		sai		sao	sou	san	sen	sang	seng						
声母の欠ける场合	a	o	e			ai	ei	ao	ou	an	en	ang	eng	er	yi	ya	ye	yao	you

-ian	-in	-iang	-ing	-u	-ua	-uo	-uai	-ui	-uan	-un	-uang	-ong	-ü	-üe	-üan	-ün	-iong
bian	bin		bing	bu													
pian	pin		ping	pu													
mian	min		ming	mu													
				fu													
dian			ding	du		duo		dui	duan	dun		dong					
tian			ting	tu		tuo		tui	tuan	tun		tong					
nian	nin	niang	ning	nu		nuo			nuan			nong	nü	nüe			
lian	lin	liang	ling	lu		luo			luan	lun		long	lü	lüe			
				gu	gua	guo	guai	gui	guan	gun	guang	gong					
				ku	kua	kuo	kuai	kui	kuan	kun	kuang	kong					
				hu	hua	huo	huai	hui	huan	hun	huang	hong					
jian	jin	jiang	jing										ju	jue	juan	jun	jiong
qian	qin	qiang	qing										qu	que	quan	qun	qiong
xian	xin	xiang	xing										xu	xue	xuan	xun	xiong
				zhu	zhua	zhuo	zhuai	zhui	zhuan	zhun	zhuang	zhong					
				chu		chuo	chuai	chui	chuan	chun	chuang	chong					
				shu	shua	shuo	shuai	shui	shuan	shun	shuang						
				ru	rua	ruo		rui	ruan	run		rong					
				zu		zuo		zui	zuan	zun		zong					
				cu		cuo		cui	cuan	cun		cong					
				su		suo		sui	suan	sun		song					
yan	yin	yang	ying	wu	wa	wo	wai	wei	wan	wen	wang	weng	yu	yue	yuan	yun	yong

※ -ü、-üe、-üan、ün は, j-、q-、x- と組む場合には, それぞれ, -u、ue、-uan、-un とつづる。

1 来不来？
[来るの？]

① 小 李 来 不 来？
　Xiǎo-Lǐ lái bu lái ?

② 小 李 不 来，老 张 来。
　Xiǎo-Lǐ bù lái, lǎo-Zhāng lái.

◎肯定と否定

——動作者とその動作はふつう，〔主語＋述語〕の形で示される。動作を示す動詞が述語となる。

　小 李 来。　（リーくんが来る。）
　Xiǎo-Lǐ lái.

　老 张 去。　（チャンさんが行く。）
Lǎo-Zhāng qù.

——動詞の前に"不"bù をそえると否定の表現になる。"不来" bù lái で「来ない」。

　小 李 不 来。（リーくんは来ない。）
　Xiǎo-Lǐ bù lái.

　老 张 不 去。（チャンさんは行かない。）
Lǎo-Zhāng bú qù.

小李 xiǎo-Lǐ："李"という姓の前に"小"をつけた愛称。"小"は「若い」「かわいい」といった感じを伴う。

老张 lǎo-Zhāng："张"という姓の前に"老"をつけた愛称。"老"は「経験を積んでいる」「敬愛する」といった感じを伴う。

書き順
张 ㇇ ㇇ 弓 弓´ 弓´ 张 张
　　（7画）

◎正反疑問文

――肯定の表現と否定の表現とを並べると，そのどちらなのかをたずねる疑問文ができる。

　小　李　来　不　来？（リーくんは来るの〈来ないの〉？）
　Xiǎo-Lǐ　lái　bu　lái？

　老　张　去　不　去？（チャンさんは行くの〈行かないの〉？）
　Lǎo-Zhāng qù　bu　qù？

◇ "不"は，"来不来"のように同形の動詞にはさまれると，軽声に発音される。

　　㊑㊒㊓ -n か -ng かの判別

　日本の漢字音には中国語の古い発音の痕跡が残されているが，これは現代の中国語とも無関係ではない。とくに漢字の発音が -n で終るのか -ng で終るのかについては，有力な手がかりを提供してくれる。

● 中国語で -n で終る漢字は，日本語で音読みすると「ン」で終る。
　　例：山 shān――「サン」　　川 chuān――「セン」

● 中国語で -ng で終る漢字は，日本語で音読みすると「イ」「ウ」で終る。
　　例：英 yīng――「エイ」　　雄 xióng――「ユウ」(「イウ」)

練習　1 来不来？［来るの？］

1　意味をとりながら発音してみよう。

Ⅰ　A：老 张 来 不 来？
　　　Lǎo-Zhāng lái bu lái?

　　B：老 张 来。
　　　Lǎo-Zhāng lái.

　　A：小 李 呢？
　　　Xiǎo-Lǐ ne?

　　B：小 李 不 来。
　　　Xiǎo-Lǐ bù lái.

呢 ne：句末、文末にそえる語気詞（→p.35）。こだわったり，念をおしたりの気持ちが伝わる。

Ⅱ　A：小 李 去 不 去？
　　　Xiǎo-Lǐ qù bu qù?

　　B：小 李 不 去。
　　　Xiǎo-Lǐ bú qù.

　　A：老 张 去 不 去？
　　　Lǎo-Zhāng qù bu qù?

　　B：老 张 也 不 去。
　　　Lǎo-Zhāng yě bú qù.

也 yě：副詞。「もやはり」「また」。

2　中国語で言ってみよう。

1. リー(李)くんは来ますが，チャン(張)さんは来ません。
2. ワン(王)さんは来るの〈来ないの〉？
3. ワンさんも来ません。
4. チャンさんは行きますが，リーくんも行きます。
5. ワンさんは？

ワンさん：老王 lǎo-Wáng

読んでみよう

小宝宝
Xiǎobǎobāo

睡吧，睡吧，小宝宝。
Shuì ba, shuì ba, xiǎobǎobāo.

晚风悠悠吹，
Wǎnfēng yōuyōu chuī,

柳枝轻轻摇。
Liǔzhī qīngqīng yáo.

睡吧，睡吧，小宝宝。
Shuì ba, shuì ba, xiǎobǎobāo.

小羊已休息，
Xiǎo yáng yǐ xiūxi,

月亮微微笑，
Yuèliang wēiwēi xiào,

睡吧，睡吧，小宝宝。
Shuì ba, shuì ba, xiǎobǎobāo.

(摇篮曲
yáolánqǔ)

吧 ba：(句末、文末にそえて話し手の気持ちを伝える)語気詞の一つ。相手をさそうような，同意を求めるような気持ちが示される。

悠悠 yōuyōu：副詞。「ゆったりと静かに」。(副詞は，述語としての動詞(句)、形容詞(句)、名詞(句)などの前に置いて述語を修飾，あるいは文頭に置いて文全体を修飾する。) "轻轻" "已" "微微" も副詞。

摇篮曲 yáolánqǔ：「揺りかごの歌」「子守歌」。

2　来了没有?
［来ているの？］

③　老张来了没有？
　　Lǎo-Zhāng lái le méiyou?

④　老张没(有)来，小李来了。
　　Lǎo-Zhāng méi(you) lái, xiǎo-Lǐ lái le.

◎已然と未然

——動詞のあとに"了"leをそえると，動作が実現、達成されていること(已然)が示される。

老张来了。（チャンさんは来ている。）
Lǎo-Zhāng lái le.

小李走了。（リーくんは出かけた。）
Xiǎo-Lǐ zǒu le.

——動詞の前に"没(有)"méi(you)をつけると，動作が実現、達成されていないこと(未然)が示される。

老张没(有)来。（チャンさんは来ていない。）
Lǎo-Zhāng méi(you) lái.

小李没(有)走。（リーくんは出かけていない。）
Xiǎo-Lǐ méi(you) zou.

◇動詞に"了"がそえられた表現を「実現相」「完了相」などと呼ぶことがある。

◎正反疑問文〔已然・未然の場合〕

——已然の表現と未然の表現（"没有" méiyou だけで示される）とを並べると，そのどちらなのかをたずねる疑問文ができる。

　老张　来　了　没　有？
　Lǎo-Zhāng lái　le　méiyou？
　　　　　　　（チャンさんは来ているの〈来ていないの〉？）

　小　李　走　了　没　有？
　Xiǎo-Lǐ　zǒu　le　méiyou？
　　　　　　　（リーくんは出かけたの〈出かけていないの〉？）

◇正反疑問文→p.23

発音メモ eの発音

　eは，前後に気をつかう母音。その前後にくる音によって発音が違ってくる。微妙な違いがあるものの，大まかには次のように心得ておくとよい。

$\left.\begin{array}{l}\text{-e}\\ \text{e}\\ \text{-eng}\\ \text{eng}\\ \text{weng}\end{array}\right\}$ のe……口をやや左右に開き「オ」を発音。

　その他のe……「エ」に近い発音。

　なお，$\left.\begin{array}{l}\text{-ian}\\ \text{yan}\end{array}\right\}$ のaも「エ」に近い発音になる。

練習 2 来了没有？［来ているの？］

1 意味をとりながら発音してみよう。

I　A：小 李 来 了 没 有？
　　　Xiǎo-Lǐ lái le méiyou?

　　B：小 李 来 了。
　　　Xiǎo-Lǐ lái le.

　　A：老 张 呢？
　　　Lǎo-Zhāng ne?

　　B：老 张 还 没（有）来。
　　　Lǎo-Zhāng hái méi(you) lái.

还 hái：副詞。「なお」「まだ」。

II　A：老 张 走 了 没 有？
　　　Lǎo-Zhāng zǒu le méiyou?

　　B：老 张 还 没（有）走。
　　　Lǎo-Zhāng hái méi(you) zǒu.

　　A：小 李 走 了 没 有？
　　　Xiǎo-Lǐ zǒu le méiyou?

　　B：小 李 已 经 走 了。
　　　Xiǎo-Lǐ yǐjing zǒu le.

已经 yǐjing：副詞。「すでに」「もう」。

(書き順)
经 ㄑ ㄠ 纟 纡 纾 经 经 经
　　　　　　（8画）

2 中国語で言ってみよう。

1．チャンさんは来ましたが，リー君は来ていません。
2．ワンさんは来ていますか〈来ていませんか〉？
3．ワンさんはすでに来ています。
4．リー君はまだ出かけていません。
5．チャンさんも出かけていません。

読んでみよう

春 天
Chūntiān

来 了！ 来 了！
Lái le! Lái le!

春 天 来 了！
Chūntiān lái le!

春 风 吹,
Chūnfēng chuī,

梅 花 开, 桃 花 开！
Méihuā kāi, táohuā kāi!

来 了！ 来 了！
Lái le! Lái le!

春 天 来 了！
Chūntiān lái le!

春 风 吹,
Chūnfēng chuī,

蝴 蝶 飞, 燕 子 飞！
Húdié fēi, yànzi fēi!

（儿歌 érgē）

儿歌 érgē：「童謡」。

3 给我词典
[わたしに辞書をくれる]

⑤ 你 买 了 词 典 没 有？
　 Nǐ mǎi le cídiǎn méiyou?

⑥ 我 没（有）买，老 张 给 我 词 典。
　 Wǒ méi(you) mǎi, lǎo-Zhāng gěi wǒ cídiǎn.

◎ "买"型の動詞

——"买" mǎi のように，目的語を伴うことのある動詞がある。

我 买 词 典。（わたしは辞書を買う。）
Wǒ mǎi cídiǎn.

他 不 买 词 典。（彼は辞書を買わない。）
Tā bù mǎi cídiǎn.

我 买 了 一 本 词 典。（わたしは辞書を1冊買った。）
Wǒ mǎi le yì běn cídiǎn.

他 没（有）买 词 典。（彼は辞書を買っていない。）
Tā méi(you) mǎi cídiǎn.

——動詞が目的語を伴うと，正反疑問文は次のようになる。

你 买 不 买 词 典？／你 买 词 典 不 买？
Nǐ mǎi bu mǎi cídiǎn? ／ Nǐ mǎi cídiǎn bù mǎi?
　　　　　　　　　（あなたは辞書を買うの〈買わないの〉？）

書き順
买 一 丆 买买 买 买 （6画）
词 丶 讠 讠 讠 讠 词 词 （7画）

一本词典 yì běn cídiǎn：
「一冊の辞書」。

◇〔動詞＋"了"＋目的語〕の形で文が終わるとき，目的語は実現、達成されたものとして，"一本词典"などと具体的に表現するのがふつう。"给"型の動詞（→次頁）の場合も同様。疑問文の場合はその限りでない。

◇正反疑問文→p.23／p.27

◇正反疑問文では，否定の表現が肯定の表現の直後に置かれる場合と文末に置かれる場合がある。

她 买 了 词 典 没 有？（彼女は辞書を買ったの〈買ってないの〉？）
Tā mǎi le cídiǎn méiyou?

◇正反疑問文〔已然・未然の場合〕では未然の表現（"没有" méiyouだけで示される）は必ず文末に置かれる。

◎"给"型の動詞

—— "给" gěiのように, 目的語を二つ伴うことのある動詞がある。

我 给 他 词 典。（わたしは彼に辞書をあげる。）
Wǒ gěi tā cídiǎn.

她 不 给 我 词 典。（彼女はわたしに辞書をくれない。）
Tā bù gěi wǒ cídiǎn.

我 给 了 他 一 本 词 典。（わたしは彼に辞書を1冊あげた。）
Wǒ gěi le tā yì běn cídiǎn.

她 没（有）给 我 词 典。（彼女はわたしに辞書をくれなかった。）
Tā méi(you) gěi wǒ cídiǎn.

—— 動詞が目的語を二つ伴うと, 正反疑問文は次のようになる。

你 给 不 给 她 词 典？
Nǐ gěi bu gěi tā cídiǎn?

你 给 她 词 典 不 给？（あなたは彼女に辞書をあげるの〈あげないの〉？）
Nǐ gěi tā cídiǎn bù gěi?

她 给 了 你 词 典 没 有？
Tā gěi le nǐ cídiǎn méiyou?
（彼女はあなたに辞書をくれたの〈くれなかったの〉？）

人称を示すことば

〔一人称〕	〔二人称〕	〔三人称〕
我 wǒ（わたし）	你 nǐ（あなた）	他／她 tā（彼／彼女）
	您 nín（あなた）—敬称	
我们 wǒmen（わたしたち）	你们 nǐmen（あなたたち）	他们／她们 tāmen（彼ら／彼女ら）

練習 3 给我词典 ［わたしに辞書をくれる］

1 意味をとりながら発音してみよう。

I A：你 买 不 买 词 典？
　　 Nǐ mǎi bu mǎi cídiǎn?

　B：我 不 买。
　　 Wǒ bù mǎi.

　　 小 李 给 我 词 典。
　　 Xiǎo-Lǐ gěi wǒ cídiǎn.

II A：你 买 了 课 本 没 有？
　　 Nǐ mǎi le kèběn méiyou?

　B：我 已 经 买 了。
　　 Wǒ yǐjing mǎi le.

　A：词 典 呢？
　　 Cídiǎn ne?

　B：我 还 没（有）买 词 典。
　　 Wǒ hái méi(you) mǎi cídiǎn.

2 中国語で言ってみよう。

1．あなたはテキストを買いますか〈買いませんか〉?
2．わたしがあなたにテキストをあげます。
3．彼は辞書を買いましたか〈買っていませんか〉?
4．彼はまだ辞書を買っていません。
5．彼女はもう，辞書を2冊買いました。

2冊の辞書：两本词典 liǎng běn cídiǎn

書き順

两 一丆丙丙两两
　　　　（7画）

読んでみよう

学 太 极 拳
Xué tàijíquán

A：今 天 我 们 学 了 太 极 拳。
　　Jīntiān wǒmen xué le tàijíquán.

B：谁 教 你 们 太 极 拳 呢？
　　Shéi jiāo nǐmen tàijíquán ne?

A：王 老 师 教 我 们 太 极 拳。你 学 不 学？
　　Wáng lǎoshī jiāo wǒmen tàijíquán. Nǐ xué bu xué?

B：我 学。
　　Wǒ xué.

A：那 么，我 们 一 起 学 吧。
　　Nàme, wǒmen yìqǐ xué ba.

B：你 先 教 我 基 本 动 作 好 吗？
　　Nǐ xiān jiāo wǒ jīběn dòngzuò hǎo ma?

A：好 吧。
　　Hǎo ba.

谁 shéi：疑問のことば。「誰」。疑問のことばを使うと疑問文ができる。shuí とも発音される（→p.34）。
呢 ne：語気詞。念をおすような、こだわるような気持ちが示される。
那么 nàme：接続詞。「それならば」「それでは」。
先 xiān：副詞。「先に」「まず」。
基本动作 jīběn dòngzuò：「基本の動作」。"基本" が "动作" を修飾している（→p.38）。
好吗 hǎo ma：文末にそえて「いいでしょう？」「どう？」と肯定的な返答を求める言い方。"吗" は語気詞で、"好"（「よい」）であるか確かめる気持ちが示されている。
好吧 hǎo ba：「いいじゃない（ですか）」「そうしましょう」。

4 买什么?
[何を買うの？]

⑦ 你 买 什 么?
　 Nǐ mǎi shénme?

⑧ 你 买 汉 语 词 典 吗?
　 Nǐ mǎi Hànyǔ cídiǎn ma?

◎疑問点疑問文

── "什么" shénme は「何」あるいは「何の」という疑問のことば。このような疑問のことばを使うと，疑問点に対する答えを求める疑問文ができる。

你 买 什 么? （あなたは何を買いますか？）
Nǐ mǎi shénme?

你 买 什 么 词 典? （あなたは何の辞書を買いますか？）
Nǐ mǎi shénme cídiǎn?

你 怎 么 不 买 词 典?
Nǐ zěnme bù mǎi cídiǎn?
　　　　（あなたはどうして辞書を買わないのですか？）

谁 给 你 词 典? （誰があなたに辞書をくれるのですか？）
Shéi gěi nǐ cídiǎn?

書き順
你 ノ 亻 亻 亿 竹 你 你
（7画）

怎么 zěnme：副詞。疑問のことば。「どうして」「なぜ」あるいは「どのように」。

谁 shéi：名詞。疑問のことば。「誰」。shuí とも発音される。

◎"吗"疑問文

——"吗" ma は句末、文末にそえる語気詞。述べていることがそのとおりかどうかを確かめる気持ちが示され，一種の疑問文ができる。

你 买 词 典 吗？（あなたは辞書を買いますか？）
Nǐ mǎi cídiǎn ma?

你 不 买 词 典 吗？（あなたは辞書を買わないのですか？）
Nǐ bù mǎi cídiǎn ma?

你 买 了 词 典 吗？（あなたは辞書を買ったのですか？）
Nǐ mǎi le cídiǎn ma?

你 没（有）买 词 典 吗？
Nǐ méi(you) mǎi cídiǎn ma?
（あなたは辞書を買っていないのですか？）

◇ "吗" ma のほか，よく使われる語気詞。
啊 a：明るく声をかけるようなとき。
吧 ba：さそうような，同意を求めるようなとき。
的 de：そのとおりなのだというようなとき。
呢 ne：念をおすような，こだわるようなとき。

（書き順）

吗　丨　冂　冂　叮　吗　吗
（6画）

発音メモ iの発音

iは，ふつうには唇を左右に引いて「イ」と発音すればよいが，次の場合のiは異なった発音になる。

　　zhi、chi、shi、ri のi……舌先をそりあげたまま「イ」。
　　zi、ci、si のi…………唇をまるくしないで「ウ」。

練習 4 买什么？［何を買うの？］

1 意味をとりながら発音してみよう。

Ⅰ　A：你 买 什 么？
　　　　Nǐ mǎi shénme?
　　B：我 买 词 典。
　　　　Wǒ mǎi cídiǎn.
　　A：你 买 什 么 词 典？
　　　　Nǐ mǎi shénme cídiǎn?
　　B：我 买 英 语 词 典。
　　　　Wǒ mǎi Yīngyǔ cídiǎn.

Ⅱ　A：你 买 课 本 吗？
　　　　Nǐ mǎi kèběn ma?
　　B：我 买 汉 语 课 本。
　　　　Wǒ mǎi Hànyǔ kèběn.
　　A：你 不 买 汉 日 词 典 吗？
　　　　Nǐ bù mǎi Hàn-Rì cídiǎn ma?
　　B：我 不 买 词 典。
　　　　Wǒ bù mǎi cídiǎn.

2 中国語で言ってみよう。

1．あなたは何のテキストを買うのですか？
2．あなたは英語のテキストを買わないのですか？
3．あなたはどうしてテキストを買わないのですか？
4．彼女は中国語の辞書を買うのですか？
5．彼女は何を買うのですか？

买什么? **37**

読んでみよう

你 干 什 么?
Nǐ gàn shénme?

A：今 天 晚 上 你 干 什 么?
　　Jīntiān wǎnshang nǐ gàn shénme?

B：我 看 电 视。
　　Wǒ kàn diànshì.

A：你 看 什 么 节 目?
　　Nǐ kàn shénme jiémù?

B：我 看 足 球 比 赛。你 呢?
　　Wǒ kàn zúqiú bǐsài. Nǐ ne?

A：我 也 看 电 视。我 要 看 音 乐 节 目。
　　Wǒ yě kàn diànshì. Wǒ yào kàn yīnyuè jiémù.

B：不 行, 还 是 看 足 球 比 赛 吧。
　　Bù xíng, háishi kàn zúqiú bǐsài ba.

A：不, 我 一 定 要 看 音 乐 节 目。
　　Bù, wǒ yídìng yào kàn yīnyuè jiémù.

B：那, 怎 么 办 呢?
　　Nà, zěnme bàn ne?

今天晚上 jīntiān wǎnshang：「今晩」。"今天"が"晚上"を修飾している（→p.38）。
足球比赛 zúqiú bǐsài：「サッカーの試合」。"今天晚上"と同じ修飾関係。
要 yào：助動詞（→p.72）。"看音乐节目"全体についている。「～しようとする」「～したい」。
音乐节目 yīnyuè jiémù：「音楽の番組」。"今天晚上"と同じ修飾関係。
还是 háishi：副詞。「やはり」。
一定 yídìng：副詞。「きっと」「必ず」。
那 nà：接続詞。「それなら」。

5 不是我的钢笔
[わたしのペンではありません]

⑨ 那 是 不 是 你 的 钢笔？
　Nà shì bu shì nǐ de gāngbǐ?

⑩ 这 不 是 我 的 钢笔, 是 她 的。
　Zhè bú shì wǒ de gāngbǐ, shì tā de.

◎名詞につける修飾語(1)

── 〔名詞＋名詞〕の形で前の名詞が後の名詞を修飾する場合，前の名詞は後の名詞の性質、内容を細かく類別して示す働きをする。

　汉 语 词 典 (中国語辞典)　　英 语 课 本 (英語のテキスト)
　Hànyǔ cídiǎn　　　　　　Yīngyǔ kèběn

◇この〔名詞＋名詞〕はひとつの単語のように意識されることがある。

── 〔名詞＋"的"＋名詞〕の形で前の名詞が"的" de を介して後の名詞を修飾する場合，前の名詞が後の名詞と関連づいていること（所属，領有など）が示される。

　你 的 钢笔 (あなたのペン)　　图 书 馆 的 书 (図書館の本)
　nǐ de gāngbǐ　　　　　　túshūguǎn de shū

──なお，〔人称を示すことば＋名詞〕の形で，親密な人間関係や所属関係が示される。

書き順

钢 ノ ト ヒ 厂 钅 钅 钉 钉 钢钢 （9画）

书 ㄱ ㄋ 书 书 （4画）

馆 ノ ト ヒ ゲ ゲ 饣 饣 饣 饣 馆 馆 （11画）

我 妈 妈（わたしの母さん）　　你 们 学 校（あなたたちの学校）
wǒ māma　　　　　　　　　　nǐmen xuéxiào

—— 修飾語（名詞）に"的"deをそえた形で，「〜のもの」「〜の」と，名詞と同じように使われることがある。

你 的（あなたのもの／あなたの）　　汉 语 的（中国語の）
nǐ de　　　　　　　　　　　　　　Hànyǔ de

◎"是"の文

—— "是" shì は「そうなのだ」という判断を示すことば。基本的には"A是B。"（「AはBだ。」）という形の文をつくる。

这 是 我 的 钢 笔。（これはわたしのペンです。）
Zhè shì wǒ de gāngbǐ.

—— "不是" bú shì で「そうではない」という否定の判断を示し，基本的には"A不是B。"（「AはBではない。」）という形の文をつくる。

那 不 是 我 的 钢 笔。（あれはわたしのペンではない。）
Nà bú shì wǒ de gāngbǐ.

—— "是" shì と "不是" bú shì とを並べると，そのどちらなのかをたずねる正反疑問文ができる。

这 是 不 是 你 的 钢 笔？
Zhè shì bu shì nǐ de gāngbǐ？

这 是 你 的 钢 笔 不 是？
Zhè shì nǐ de gāngbǐ bú shì？
（これはあなたのペンですか〈そうではありませんか〉？）

◇正反疑問文（→p.23）

◇"不"は"是"にはさまれて"是不是"という形になると，軽声で発音される。

◇"这""那""哪"は〔指示することば（＋数詞）＋量詞（＋名詞）〕（→p.54）の形で使われるのが基本。ただし，"这"と"那"は単独で，"A是B。""A不是B。"のA，あるいは一般の文の主題（→p.59）としても使われる。

指示することば		
〔近称〕	〔遠称〕	〔たずねるとき〕
这 zhè/zhèi （これ）	那 nà/nèi （あれ）	哪 nǎ/něi （どれ）
这些 zhèxiē/zhèixiē （このいくつか）	那些 nàxiē/nèixiē （あのいくつか）	哪些 nǎxiē/něixiē （どのいくつか）

練習 5 不是我的钢笔 ［わたしのペンではありません］

1 意味をとりながら発音してみよう。

Ⅰ A：这 是 你 的 钢 笔 吗？
　　　Zhè shì nǐ de gāngbǐ ma?

　B：是，这 是 我 的 钢 笔。
　　　Shì, zhè shì wǒ de gāngbǐ.

　A：这 也 是 你 的 吗？
　　　Zhè yě shì nǐ de ma?

　B：不 是，这 不 是 我 的。
　　　Bú shì, zhè bú shì wǒ de.

Ⅱ A：那 是 英 语 词 典 吗？
　　　Nà shì Yīngyǔ cídiǎn ma?

　B：不 是，是 汉 语 词 典。
　　　Bú shì, shì Hànyǔ cídiǎn.

　A：是 谁 的 词 典？
　　　Shì shéi de cídiǎn?

　B：是 老 师 的。
　　　Shì lǎoshī de.

是 shì：「はい」「いいえ」「そうです」と肯定の返事としても使われる。

不是 bú shì：「いいえ」「ちがいます」と否定の返事としても使われる。ただし，たずねる方の文に"是"がないと使えない。

2 中国語で言ってみよう。

1．これはあなたのノートですか〈そうではありませんか〉？
2．これはわたしのノートではありません，彼のです。
3．これも彼のですか？
4．いいえ，これも彼のではありません。
5．これは誰のノートでしょうか？

ノート：本子 běnzi

読んでみよう

日本朋友
Rìběn péngyou

良子是我的日本朋友。我们都是师范
Liángzǐ shì wǒ de Rìběn péngyou. Wǒmen dōu shì shīfàn

大学的学生。她是中文系的,我是外语系
dàxué de xuésheng. Tā shì Zhōngwén xì de, wǒ shì wàiyǔ xì

的。她很活泼,又很聪明。
de. Tā hěn huópo, yòu hěn cōngming.

我们经常在一起。有时候她教我日语,
Wǒmen jīngcháng zài yìqǐ. Yǒushíhou tā jiāo wǒ Rìyǔ,

有时候我教她汉语。
yǒushíhou wǒ jiāo tā Hànyǔ.

我们是好朋友。
Wǒmen shì hǎo péngyou.

日本朋友 Rìběn péngyou:「日本(人)の友人」。"朋友"をさらに細かく類別して(例えば"美国" Měiguó「アメリカ」、"法国" Fǎguó「フランス」ではなく),"日本"の"朋友"ということ。"日本的朋友"と言うと「日本(にとって)の友人」という意味になる。

良子 Liángzǐ:日本人の漢字の名まえは,そのまま中国語で発音されてしまう。

都 dōu:副詞。「いずれも」「みな」。

很活泼 hěn huópo:"活泼"は「活発だ」という形容詞。"很"は"活泼"を修飾している副詞,「なかなかに」「とても」。"她很活泼"で,形容詞が述語になっている文(→p.55)。

又 yòu:副詞。「(そして)また」「そのうえ」。

很聪明 hěn cōngming:"她很聪明"も,形容詞が述語になっている文。

在一起 zài yìqǐ:「いっしょにいる」という言い方。

好朋友 hǎo péngyou:形容詞"好"が"朋友"を修飾している(→p.62)。

6 叫什么名字？
[お名前は？]

⑪ 你 叫 什 么 名 字？
   Nǐ jiào shénme míngzi?

⑫ 你 的 生 日 几 月 几 号？
   Nǐ de shēngrì jǐ yuè jǐ hào?

◎"是"の文の亜種

—— "是"の文は基本的には"A 是 B。"(「AはBだ。」)だが, Bが日時、年齢、価格、天候、出身などを示すことばであるとき, "AB。"の形になることがある。これらはいずれも既定のことがらを示しており, 判断のことば"是"shì を使うには及ばないからである。

我 的 生 日 十 一 月 二 十 五 号。
Wǒ de shēngrì shíyī yuè èrshíwǔ hào.
　　　　　　　　(わたしの誕生日は11月25日です。)

你 的 生 日 几 月 几 号？
Nǐ de shēngrì jǐ yuè jǐ hào?
　　　　　　(あなたの誕生日は何月何日ですか？)

◇"是"の文→p.39

几 jǐ：「いくつ」という疑問のことば。あまり多くない数が予想されるときに使う。ひとけたの数を疑問とするときには必ず"几"を使う。
　なお, ひろく「いくつ」と使われる疑問のことばに"多少"duōshao がある。

叫什么名字? **43**

——しかし，否定の判断を示すときには，やはり"A 不是 B。"
(「AはBではない。」)の形にしなければならない。

我 的 生 日 不 是 二 十 四 号。
Wǒ de shēngrì bú shì èrshisì hào.
（わたしの誕生日は24日ではありません。）

——なお，Bが日時、年齢等々を示すことばであっても、「そうなのだ」という判断を示すときには，やはり"A 是 B。"の形にしなければならない。

我 的 生 日 不 是 二 十 四 号, 是 二 十 五
Wǒ de shēngrì bú shì èrshisì hào, shì èrshiwǔ
号。 （わたしの誕生日は24日ではなく、25日です。）
hào.

◎動詞"叫"の使い方のひとつ

——"叫" jiào は「(名前を)～と呼ぶ」「(名前を)～と言う」といった意味で使われる場合がある。

我 叫 张 玉 英。（わたしはチャン・ユィインと言います。）
Wǒ jiào Zhāng Yùyīng.

你 叫 什 么 名 字?（あなたは何という名前ですか?）
Nǐ jiào shénme míngzi?

書き順

叫 丨 冂 日 叫 叫 （5画）

数のとなえ方 ❶

● 1～99

一　二　三　四　五　六　七　八　九　十
yī　èr　sān　sì　wǔ　liù　qī　bā　jiǔ　shí

十一　十二　十三　…………　十九　二十
shíyī　shí'èr*　shísān　　　　shíjiǔ　èrshí

二十一　二十二　…………
èrshiyī*　èrshi'èr

………… 九十八　九十九
　　　　jiǔshibā　jiǔshijiǔ

＊隔音符号（'）：a、o、eで始まる音節がほかの音節のすぐあとにつくとき，音節の区切りを示すためにつける。

＊"十"は"二十一"のような場合は軽声に発音される。

練習 6 叫什么名字？ ［お名前は？］

1 意味をとりながら発音してみよう。

I　A：今 天 几 号？
　　　Jīntiān jǐ hào?

　　B：今 天 二 十 一 号。
　　　Jīntiān èrshiyī hào.

　　A：星 期 几？
　　　Xīngqī jǐ?

　　B：星 期 五。
　　　Xīngqī wǔ.

II　A：她 叫 什 么 名 字？
　　　Tā jiào shénme míngzi?

　　B：她 叫 张 玉 英。
　　　Tā jiào Zhāng Yùyīng.

　　A：您 贵 姓？
　　　Nín guìxìng?

　　B：我 姓 李， 叫 李 新。
　　　Wǒ xìng Lǐ, jiào Lǐ Xīn.

書き順

貴 丨 口 日 中 虫 串 串
　　　貴 貴 （9画）

您贵姓？ Nín guìxìng?：姓をたずねるときのていねいな表現。返事は"我姓〜"と言う。

姓 xìng：もともと名詞だが動詞のように使われる。「（姓を）〜という」。

2 中国語で言ってみよう。

1．今年は2000何年（西暦）ですか？
2．明日は何月何日ですか？
3．昨日は何曜日ですか？
4．彼女の誕生日は11月24日です。
5．彼女の誕生日は24日ではなく，25日です。

今年：今年 jīnnián

明日：明天 míngtiān

昨日：昨天 zuótiān

読んでみよう

我 的 妹 妹
Wǒ de mèimei

我 的 妹 妹 叫 园 园, 今 年 六 岁。
Wǒ de mèimei jiào Yuányuan, jīnnián liù suì.

今 天 三 月 三 号 是 她 的 生 日。 小 玲、 小 峰
Jīntiān sān yuè sān hào shì tā de shēngrì. Xiǎolíng、Xiǎofēng

都 来 了。 今 天 正 好 又 是 星 期 天, 爸 爸、 妈
dōu lái le. Jīntiān zhènghǎo yòu shì xīngqītiān, bàba、mā-

妈 都 在 家。 爸 爸、 妈 妈 做 了 很 多 菜。 园 园
ma dōu zài jiā. Bàba、māma zuò le hěn duō cài. Yuányuan

和 小 朋 友 们 玩 儿 得 很 快 活。
hé xiǎopéngyoumen wánr de hěn kuàihuo.

小玲 Xiǎolíng：名前の一部などに"小"をつけた一種の愛称としての幼名。"小峰"も同じ。

很多菜 hěn duō cài："很多"が"菜"を修飾している（→p.62）。"很多"で「とても多い」。"很多的菜"としてもよいが，"很多"など数量が修飾するときは"的"を省くのがふつう。

小朋友们 xiǎopéngyoumen：人が複数であることを示す接尾辞"们"が"小朋友"に接尾した形。

玩儿 wánr：r化の発音（→p.18）に注意。

玩儿得很快活 wánr de hěn kuàihuo：動作（"玩儿"）がどんな結果を得ているかを述べる言い方（→p.58）。"很快活"が結果についての叙述。

7 没有书包
[カバンがない]

⑬ 桌子上没有书包，椅子上有书包。
Zhuōzi shàng méi yǒu shūbāo, yǐzi shàng yǒu shūbāo.

⑭ 书包里有没有手机？
Shūbāo lǐ yǒu méi yǒu shǒujī?

◎場所を示す接尾語

——名詞に"上"shàng をそえると，ものの上側、表面を，"里"lǐ をそえると，ものの内側、内部を示す。

　桌子上（机の上）
　zhuōzi shàng

　书包里（カバンの中）
　shūbāo lǐ

——場所を意味する名詞一般も同じように使われる。

　桌子底下（机の下）
　zhuōzi dǐxià

　桌子旁边儿（机のかたわら）
　zhuōzi pángbiānr

◇場所を示す接尾語は，ほかに，
下 xià：「～の下」
外 wài：「～の外」
前 qián：「～の前」
后 hòu：「～の後ろ」
など(すべて一音節)がある。

◇場所を意味する名詞は，ほかに，
里边儿 lǐbianr：「なか」「内側」
里面 lǐmian：「内側」
里头 lǐtou：「なか」
など，"－边儿"、"－面"、"－头"などの形をとるものが多い。

◎ "有"の文

—— "有" yǒu は「ある」という存在を示すことば。基本的には "A有B。"(「AにBがある。」)という形の文をつくる。

椅 子 上 有 书 包。(椅子の上にカバンがある。)
Yǐzi shàng yǒu shūbāo.

老 张 有 日 汉 词 典。
Lǎo-Zhāng yǒu Rì-Hàn cídiǎn.
(チャンさんには日中辞典があります。
／チャンさんは日中辞典をもっています。)

—— "没有" méi yǒu で「ない」という非存在を示し，基本的には "A没有B。"(「AにBがない。」)という形の文をつくる。

桌 子 上 没 有 书 包。(机の上にカバンがない。)
Zhuōzi shàng méi yǒu shūbāo.

我 没 有 汉 日 词 典。
Wǒ méi yǒu Hàn-Rì cídiǎn.
(わたしには中日辞典がありません。
／わたしは中日辞典をもっていません。)

—— "有" yǒu と "没有" méi yǒu とを並べて，そのどちらなのかをたずねる正反疑問文ができる。

书 包 里 有 没 有 手 机？
Shūbāo lǐ yǒu méi yǒu shǒujī?

／书 包 里 有 手 机 没 有？
Shūbāo lǐ yǒu shǒujī méi yǒu?
(カバンの中に携帯電話がありますか？)

你 有 没 有 手 机？
Nǐ yǒu méi yǒu shǒujī?

／你 有 手 机 没 有？
Nǐ yǒu shǒujī méi yǒu?
(あなたには携帯電話がありますか？
／あなたは携帯電話をもっていますか？)

◇一般の動詞のひとつ "在" zài も存在を示し，"A在B。"(「AはBにある。」)という文をつくる。例えば，
"书包在椅子上。"
「カバンは椅子の上にある。」
この "书包" は，これと特定できるもの(既知)として示されている(古い情報)。
　これに対して，"椅子上有书包。"(「椅子の上にカバンがある。」)の "书包" は，これと特定できていないもの(未知)を示しており，"有" の文は，これを新しい情報として提供する働きをしている。

◇正反疑問文→p.23

練習 7 没有书包 [カバンがない]

1 意味をとりながら発音してみよう。

Ⅰ A：桌子上有没有手机？
　　 Zhuōzi shàng yǒu méi yǒu shǒujī?

　 B：桌子上没有。
　　 Zhuōzi shàng méi yǒu.

　 A：书包里有没有？
　　 Shūbāo lǐ yǒu méi yǒu?

　 B：有，书包里有。
　　 Yǒu, shūbāo lǐ yǒu.

Ⅱ A：你有时间吗？
　　 Nǐ yǒu shíjiān ma?

　 B：现在我没有时间。
　　 Xiànzài wǒ méi yǒu shíjiān.

　 A：下午有没有时间？
　　 Xiàwǔ yǒu méi yǒu shíjiān?

　 B：下午有时间。
　　 Xiàwǔ yǒu shíjiān.

(書き順)

间 丨 丨 冂 冂 冋 问 间 间 （7画）

现 一 ｜ Ŧ 王 玑 珂 玑 现 （8画）

2 中国語で言ってみよう。

1．机の上に辞書がありますか〈ありませんか〉？
2．カバンの中に辞書がありませんか？
3．カバンの中にもありません。
4．あなたはパソコンをもっていますか？
5．もっています，家にあります。

パソコン：电脑 diànnǎo

家：家里 jiā lǐ

読んでみよう

屋　子　里　面　有　箱　子
Wūzi　lǐmian　yǒu　xiāngzi

屋　子　里　面　有　箱　子,
Wūzi　lǐmian　yǒu　xiāngzi,

箱　子　里　面　有　匣　子,
Xiāngzi　lǐmian　yǒu　xiázi,

匣　子　里　面　有　盒　子,
Xiázi　lǐmian　yǒu　hézi,

盒　子　里　面　有　镯　子;
Hézi　lǐmian　yǒu　zhuózi;

镯　子　外　面　有　盒　子,
Zhuózi　wàimian　yǒu　hézi,

盒　子　外　面　有　匣　子,
Hézi　wàimian　yǒu　xiázi,

匣　子　外　面　有　箱　子,
Xiázi　wàimian　yǒu　xiāngzi,

箱　子　外　面　有　屋　子。
Xiāngzi　wàimian　yǒu　wūzi.

（绕口令 ràokǒulìng）

绕口令 ràokǒuling：「早口ことば」。

8 来了客人
[お客さんが来た]

⑮ 那 里 放 着 三 辆 自 行 车。
　　Nàli　fàng zhe sān liàng zìxíngchē.

⑯ 家 里 来 了 三 个 客 人。
　　Jiā　lǐ　lái　le　sān　ge　kèren.

◎ 〔数詞＋量詞（＋名詞）〕

——ものを数えるときは〔数詞＋量詞＋名詞〕の形をとる。量詞はものを数えるときの単位となるが，ものの形態やそのとらえ方によって異なった量詞が使われる。

　两 辆 自 行 车（2台の自転車）
　liǎng liàng zìxíngchē

　一 个 客 人（1人の客）
　yí　ge　kèren

——名詞が省かれて〔数詞＋量詞〕の形でも使われる。

　两 辆（2台）
　liǎng liàng

　一 个（1人）
　yí　ge

两 liǎng：「ふたつ」。個数を数えるときには"二" èr は使わず，"两" liǎng を使う。

書き順
车　一 ナ 七 车（4画）

◎ "有"の文のバリエーション

——"有"の文は基本的には"A 有 B。"(「AにBがある。」)だが, この"有"yǒu をほかの動詞に置きかえて, その存在のあり様を具体的に示すことができる。このとき, 動詞には"着"zhe をそえる。

那 里 放 着 两 辆 自 行 车。
Nàli fàng zhe liǎng liàng zìxíngchē.
（あそこに自転車が2台置いてある。）

外 面 下 着 雨。（そとは雨が降っている。）
Wàimian xià zhe yǔ.

——"有"yǒu を, また, ほかの動詞に置きかえて, 出現あるいは消失した状態を具体的に示すことができる。このとき, 動詞には"了"le をそえる。

家 里 来 了 两 个 客 人。（家に客が2人来た。）
Jiā lǐ lái le liǎng ge kèren.

刮 了 一 阵 风。（風がひとしきり吹いた。）
Guā le yí zhèn fēng.

——なお, "A 没有 B。"(「AにBがない。」)の"没有"méi yǒu をほかの動詞に置きかえる言い方はない。

◇ "有"の文→ p.47
◇ "有"の文のバリエーションを「存現文」「現象文」などと呼ぶことがある。

着 zhe：動詞にそえると, 動作（あるいはその結果）が変わりなく続いていることが示される。「持続相」と呼ぶことがある。

書き順
着 丶 丷 䒑 丷 䒑 芏 芏
着着着着

◇ "了"→ p.26
◇ 動詞に"着"や"了"をそえない場合もある。天候など日常的な言いまわしではとくにそうである。例えば,
　"下雨呢。"
　「雨が降っていますよ。」

場所を指示することば

〔近称〕	〔遠称〕	〔たずねるとき〕
这里 zhèli	那里 nàli	哪里 nǎli
这儿 zhèr	那儿 nàr	哪儿 nǎr
（ここ）	（あそこ）	（どこ）

練習 8 来了客人 ［お客さんが来た］

1 意味をとりながら発音してみよう。

Ⅰ　A：家 里 来 了 客 人。
　　　　Jiā lǐ lái le kèren.
　　B：来 了 几 个 客 人？
　　　　Lái le jǐ ge kèren?
　　A：来 了 三 个 客 人。
　　　　Lái le sān ge kèren.

　　　　那 里 放 着 三 辆 自 行 车 呢。
　　　　Nàli fàng zhe sān liàng zìxíngchē ne.

Ⅱ　A：那 里 放 着 词 典 呢。
　　　　Nàli fàng zhe cídiǎn ne.
　　B：是 小 李 的 吧。
　　　　Shì xiǎo-Lǐ de ba.
　　A：这 里 写 着 名 字 呢。
　　　　Zhèli xiě zhe míngzi ne.
　　　　不 是 小 李 的。
　　　　Bú shì xiǎo-Lǐ de.

2 中国語で言ってみよう。

1．机の上に本が1冊置いてある。
2．そこに名前が書いてある。
3．庭（の中）に猫が2匹来た。
4．夜に1匹いなくなった。
5．そとは雨が降っている，こぬか雨が降っている。

1冊の本：一本书 yì běn shū
庭（の中）：院子里 yuànzi li
2匹の猫：两只猫 liǎng zhī māo
夜：晚上 wǎnshang
いなくなる（欠ける）：少 shǎo
こぬか雨：毛毛雨 máomáoyǔ

読んでみよう

幻 想
Huànxiǎng

我 的 书 桌 上 摆 着 一 个 地 球 仪。上 面 画
Wǒ de shūzhuō shàng bǎi zhe yí ge dìqiúyí. Shàngmian huà

着 各 种 陆 地、海 洋、岛 屿；上 面 还 写 着 很
zhe gè zhǒng lùdì、 hǎiyáng、 dǎoyǔ; shàngmian hái xiě zhe hěn

多 地 名。我 常 常 望 着 这 个 地 球 仪 幻 想：
duō dìmíng. Wǒ chángcháng wàng zhe zhè ge dìqiúyí huànxiǎng:

长 大 了，我 要 当 一 名 船 长，漂 过 太 平 洋、
zhǎngdà le, wǒ yào dāng yì míng chuánzhǎng, piāoguò Tàipíngyáng、

大 西 洋、印 度 洋，去 美 洲、欧 洲、
Dàxīyáng、 Yìndùyáng, qù Měizhōu、 Ōuzhōu、

非 洲、大 洋 洲 等。我 一 定 要 周
Fēizhōu、 Dàyángzhōu děng. Wǒ yídìng yào zhōu-

游 整 个 世 界。
yóu zhěnggè shìjiè.

这个地球仪 zhè ge dìqiúyí：「この地球儀」。〔指示することば＋量詞＋名詞〕の形（→p.54）。"个"という量詞が必要。

望着～幻想 wàng zhe ～ huànxiǎng：動詞句"望着这个地球仪"（1）が動詞"幻想"（2）の前に置かれているが、このようなとき、（1）は（2）が行われるにあたっての手続き、方法、形態などを示す働きをする（→p.76）。

长大了 zhǎngdà le：この"了"は、将来、未来においての実現を示している。

要 yào：助動詞。"当一名船长～大洋州等"全体についている。「～しようとする」「～したい」。

漂过 piāoguò：「(海などを)渡って行く」。

9 那件不便宜
[あれは安くない]

⑰ 那 件 毛 衣 贵 不 贵？
　　Nà jiàn máoyī guì bu guì?

⑱ 那 件 不 便 宜, 可 是 东 西 好。
　　Nà jiàn bù piányi, kěshì dōngxi hǎo.

◎〔指示することば(＋数詞)＋量詞(＋名詞)〕

——「この～」「あの～」「どの～」と，ものを指定するときは，〔指示することば(＋数詞)＋量詞＋名詞〕の形をとる。

　那 一 件 毛 衣（あの1着のセーター）
　nà yí jiàn máoyī

　那 件 毛 衣（あのセーター）
　nà jiàn máoyī

——名詞が省かれて〔指示することば(＋数詞)＋量詞〕の形でも使われる。

　那 一 件（あの1着）
　nà yí jiàn

　那 件（あれ）
　nà jiàn

◎形容詞を述語とする文

――形容詞も述語として使われる。形容詞は，ほかと比べて（相対的に）どのようだ，という意味を示すので，形容詞が単独で述語となる文は，比較、対照の表現となる。

那 件 毛 衣 贵， 这 件 便 宜。
Nà jiàn máoyī guì, zhè jiàn piányi.
（あのセーターは高いが，これは安い。）

――形容詞に"不"bùをそえて否定の形ができる。従って，肯定の表現と否定の表現とを並べる正反疑問文ができる。

这 件 毛 衣 不 便 宜。（このセーターは安くない。）
Zhè jiàn máoyī bù piányi.

那 件 毛 衣 贵 不 贵？（あのセーターは高いですか〈高
Nà jiàn máoyī guì bu guì?　くないですか〉？）

◇正反疑問文→p.23

◇"不"は"贵不贵"のように同形の形容詞にはさまれると，軽声に発音される。

――ほかと比べるのではなく，そのものが（絶対的に）どのようだ，というときには，形容詞に"很"hěnなどの副詞をそえる。"很"hěnは「なかなか（に）」「とても」といった話し手の気持ちを伝える。

这 件 毛 衣 很 贵。（このセーターは高い。）
Zhè jiàn máoyī hěn guì.

那 条 裤 子 很 便 宜。（あのズボンは安い。）
Nà tiáo kùzi hěn piányi.

――形容詞を述語とする文は，述語の部分に小さな主語が生じることがある。

那 件 毛 衣 东 西 好， 这 件 不 好。
Nà jiàn máoyī dōngxi hǎo, zhè jiàn bù hǎo.
（あのセーターはものがよいが，これはよくない。）

这 条 裤 子 价 钱 很 贵。
Zhè tiáo kùzi jiàqian hěn guì.
（このズボンはねだんが高い。）

◇小さな主語のある文を「主述述語文」と呼ぶことがある。

（書き順）

东　一ㄣ车东东（5画）

練習 9 那件不便宜 [あれは安くない]

1 意味をとりながら発音してみよう。

Ⅰ A：那件大衣很贵。
　　　Nà jiàn dàyī hěn guì.
　B：这件好不好？
　　　Zhè jiàn hǎo bu hǎo?
　　　这件价钱不贵，东西也不错。
　　　Zhè jiàn jiàqian bú guì, dōngxi yě búcuò.
　A：那，我买这件。
　　　Nà, wǒ mǎi zhè jiàn.

Ⅱ A：汉语难不难？
　　　Hànyǔ nán bu nán?
　B：汉语发音难。
　　　Hànyǔ fāyīn nán.
　A：语法怎么样？
　　　Yǔfǎ zěnmeyàng?
　B：语法也不容易。
　　　Yǔfǎ yě bù róngyì.

書き順
发 ㇐㇇サ㇇发发 （5画）

2 中国語で言ってみよう。

1．このセーターはどうですか？
2．ものはいいけれど，値段が高い。
3．中国語は発音がむずかしいですか〈むずかしくないですか〉？
4．中国語は発音がむずかしいし，文法もむずかしい。
5．彼は体が丈夫で，勉強もしっかりしている。

体：身体 shēntǐ
丈夫だ：好 hǎo
勉強：学习 xuéxí
しっかりしている：好 hǎo

読んでみよう

去 公园
Qù gōngyuán

A：今天天气真好啊！
　　Jīntiān tiānqì zhēn hǎo a!

B：是啊！天气这么好，我们
　　Shì a! Tiānqì zhème hǎo, wǒmen
　　去儿童公园怎么样？
　　qù értóng gōngyuán zěnmeyàng?

A：儿童公园没意思。人又太多。森林公园
　　Értóng gōngyuán méiyìsi. Rén yòu tài duō. Sēnlín gōngyuán
　　怎么样？
　　zěnmeyàng?

B：对了，森林公园空气新鲜又安静。我们
　　Duì le, sēnlín gōngyuán kōngqì xīnxiān yòu ānjìng. Wǒmen
　　去那儿吧。
　　qù nàr ba.

A：好吧。我们就去森林公园吧。
　　Hǎo ba. Wǒmen jiù qù sēnlín gōngyuán ba.

啊 a：語気詞。明るく声をかけるようなときに使われる。
怎么样 zěnmeyàng：疑問のことば。「どうですか」「いかがですか」。ここでは文末に使われて、やや肯定的な返答を求める使い方。"好吗"（→p.33）や "好不好" などと同じように使われる。
对了 duì le："对" は「合っている」「ぴったりしている」「正しい」。"对了" で「ぴったりした」「そうだ」。
好吧 hǎo ba：「いいじゃない（ですか）」「そうしましょう」。
就 jiù：「ほかでもなく」「（それで）もう」「すぐ」といった副詞。

10 网球打得真好
[テニスがほんとに上手だ]

⑲ 她 打 网 球 打 得 真 好。
　 Tā　dǎ　wǎngqiú　dǎ　de　zhēn　hǎo.

⑳ 网 球 你 打 得 怎 么 样？
　 Wǎngqiú　nǐ　dǎ　de　zěnmeyàng?

◎動作の結果

——すでに行われた，あるいは常に行われている動作について，それがどんな結果を得ているかを述べるとき，述語の部分が〔動詞＋"得"＋結果についての叙述〕という形をとる。

　她 来 得 很 早。（彼女は早く来た。）
　Tā　lái　de　hěn　zǎo.

　他 学 得 很 认 真。（彼はまじめに勉強する。）
　Tā　xué　de　hěn　rènzhēn.

◇結果の得られていない場合でも，それが必然だとされる場合にはこの形がとれる。

◇〔"得"＋結果についての叙述〕の部分を「程度補語」「状態補語」などと呼ぶことがある。

——動詞が目的語を伴う場合には〔動詞＋目的語〕を述語の前に置く。

　他 学 汉 语 学 得 很 认 真。
　Tā　xué　Hànyǔ　xué　de　hěn　rènzhēn.
　　　　　　　　　　（彼は中国語をまじめに勉強する。）

她 打 网 球 打 得 真 好。
　　Tā dǎ wǎngqiú dǎ de zhēn hǎo.
　　　　　　　　　　　　（彼女はテニスがとても上手だ。）

【書き順】
网｜冂冂冈网网
（6画）

――正反疑問文をつくるときには，〔結果についての叙述〕の箇所を変形する。
　　她 来 得 早 不 早？　（彼女は早く来ましたか？）
　　Tā lái de zǎo bu zǎo?
　　她 打 网 球 打 得 好 不 好？
　　Tā dǎ wǎngqiú dǎ de hǎo bu hǎo?
　　　　　　　　　　　　（彼女はテニスが上手ですか？）

◇正反疑問文→p.23

◎主題

――話の主題、テーマになることがらを，文頭（あるいは述語の前）に提示することがある。
　　网 球 你 打 得 怎 么 样？
　　Wǎngqiú nǐ dǎ de zěnmeyàng?
　　　　　　　　　　　（テニスは，あなたどうですか？）
　　你 网 球 打 得 怎 么 样？
　　Nǐ wǎngqiú dǎ de zěnmeyàng?
　　　　　　　　　　　（あなたは，テニスどうですか？）

練習 10 网球打得真好 [テニスがほんとに上手だ]

1 意味をとりながら発音してみよう。

I A：她 学 汉语 学 得 怎 么 样？
　　　Tā xué Hànyǔ xué de zěnmeyàng?

B：她 学 得 很 认 真。
　　Tā xué de hěn rènzhēn.

A：你 学 得 怎 么 样？
　　Nǐ xué de zěnmeyàng?

B：我 学 得 不 太 好。
　　Wǒ xué de bú tài hǎo.

II A：他 打 网球 打 得 好 不 好？
　　　Tā dǎ wǎngqiú dǎ de hǎo bu hǎo?

B：他 打 得 不 那 么 好。
　　Tā dǎ de bú nàme hǎo.

A：乒 乓 球 他 打 得 怎 么 样？
　　Pīngpāngqiú tā dǎ de zěnmeyàng?

B：乒 乓 球 他 打 得 真 行。
　　Pīngpāngqiú tā dǎ de zhēn xíng.

不太～ bú tài～：「そんなに～でない」。"不"と副詞の"太"の組み合わせ。似た言い方に"不大～"bú dà～（「大して～でない」）、"不那么～"bú nàme～（「それほど～でない」）などがある。

2 中国語で言ってみよう。

1．彼女はピンポンがほんとに上手だ。
2．テニスは彼女はどうですか？
3．彼は中国語を勉強するのにあまりまじめではない。
4．英語は彼はしっかり勉強していますか〈してませんか〉？
5．彼女は日本語を話すのが上手だ。

日本語：日语 Rìyǔ
話す：说 shuō

読んでみよう

小学生生活
Xiǎoxuéshēng shēnghuó

最近， 中国 小学生 的 生活 发生 了 很 大
Zuìjìn, Zhōngguó xiǎoxuéshēng de shēnghuó fāshēng le hěn dà

的 变化。过去 讲 "德、智、体" 的 全 面 发 展。可
de biànhuà. Guòqù jiǎng "dé、zhì、tǐ" de quánmiàn fāzhǎn. Kě-

是 现 在 的 小 学 生 放 学 之 后， 还 要 学 外 语，
shì xiànzài de xiǎoxuéshēng fàngxué zhīhòu, hái yào xué wàiyǔ,

学 电 脑， 练 钢 琴 等。一 天 的 时 间 安 排 得 非
xué diànnǎo, liàn gāngqín děng. Yì tiān de shíjiān ānpái de fēi-

常 紧 张。这 样 他 们 的 学 习 成 绩 虽 然 提 高
cháng jǐnzhāng. Zhèyàng tāmen de xuéxí chéngjì suīrán tígāo

得 很 快， 但 是 他 们 的 身 心 健 康 却 受 到 了
de hěn kuài, dànshì tāmen de shēnxīn jiànkāng què shòudào le

伤 害。父 母 只 考 虑 孩 子 们 的 "高 考"， 不 考
shānghài. Fùmǔ zhǐ kǎolǜ háizimen de "gāokǎo", bù kǎo-

虑 他 们 的 全 面 发 展。孩 子 们
lǜ tāmen de quánmiàn fāzhǎn. Háizimen

的 将 来 会 变 得 怎 么 样 呢?
de jiānglái huì biàn de zěnmeyàng ne?

很大的变化 hěn dà de biànhuà：" 很大 " が " 变化 " を修飾している（→p.62）。
德、智、体 dé、zhì、tǐ：「徳育、知育、体育」のこと。教育の三大支柱とされている。
要 yào：助動詞（→p.72）。" 学外语，…等 " 全体についている。「〜しなくてはならない」。
这样 zhèyàng：接続詞。「このようにして」「このようなわけで」。
虽然〜，但是〜 suīrán〜, dànshì〜：接続詞二つを呼応させた言い方。「〜だけれども、しかし〜」。" 虽然 "
　　はここのように、主語の後に置くことが多い。
会 huì：助動詞（→p.72）。" 变得怎么样 " 全体についている。「〜することになる」。

11 你听得懂听不懂？
[あなた 聞いて分かりますか？]

㉑ 我 听 懂 了 老 师 讲 的 话。
　　Wǒ tīngdǒng le lǎoshī jiǎng de huà.

㉒ 老 张 说 的 话 你 听 得 懂 听 不 懂？
　　Lǎo-Zhāng shuō de huà nǐ tīngdedǒng tīngbudǒng?

◎ 名詞につける修飾語⑵

――〔1音節形容詞＋名詞〕の形で形容詞が名詞を修飾する場合，形容詞は名詞の性質、内容を細かく類別して示す働きをする。

　新 书（新しい本）　　小 桌 子（小さい机）
　xīn shū　　　　　　xiǎo zhuōzi

◇この〔1音節形容詞＋名詞〕はひとつの単語のように意識されることがある。

――〔2音節以上の形容詞(句)／動詞(句)＋"的"＋名詞〕の形で，形容詞(句)あるいは動詞(句)が"的"de を介して名詞を修飾する場合，この修飾語は名詞がどのような様子、状況にあるかを示す働きをする。

　漂 亮 的 衣 服（美しい服）
　piàoliang de yīfu
　很 贵 的 衣 服（ねだんの高い服）
　hěn guì de yīfu

老　师　说　的　话（先生のおっしゃる話／先生のおっしゃった話）
lǎoshī　shuō　de　huà

——修飾語に"的" de をそえた形で，「〜のもの」「〜の」と，名詞と同じように使われることがある。

新　的（新しいの）
xīn　de

老　师　说　的（先生のおっしゃること／先生のおっしゃったこと）
lǎoshī　shuō　de

◎動作とその結果の複合語

——動詞に，その動作の結果を示す動詞または形容詞を結合させて複合語ができる。

听　懂（聞いて理解する）
tīngdǒng

听　清　楚（聞いてはっきりする）
tīngqīngchu

◇結果を示す動詞または形容詞を「結果補語」と呼ぶことがある。

——結果を示す動詞または形容詞の前に"不" bu を挿入すると，そのような結果に達しないこと，"得" de を挿入すると，そのような結果に達することを示す。

听　不　懂（聞いても理解に達しない）
tīngbudǒng

听　得　懂（聞いて理解に達する）
tīngdedǒng

◇"不"あるいは"得"及び結果を示す動詞または形容詞の部分を「可能補語」と呼ぶことがある。

——この"不" bu 及び"得" de を挿入した形を並べて正反疑問文ができる。

你　听　得　懂　听　不　懂？
Nǐ　tīngdedǒng　tīngbudǒng？
（あなたは，聞いて理解に達しますか〈達しませんか〉？）

◇正反疑問文→p.23

◇"不"や"得"を挿入した形は，客観的に動作が結果に達するのかどうかを示すだけである。可能、不可能が含意されるとしても，助動詞によって示される可能、不可能の判断（→p.72）が述語全体に係わるのとは違う点に注意。

練習 11 你听得懂听不懂？［あなた聞いて分かりますか？］

1 意味をとりながら発音してみよう。

Ⅰ A：他说的话你听得懂听不懂？
　　　Tā shuō de huà nǐ tīngdedǒng tīngbudǒng?
　B：我完全听不懂。
　　　Wǒ wánquán tīngbudǒng.
　A：我也听不懂。
　　　Wǒ yě tīngbudǒng.
　　　他说的是广东话。
　　　Tā shuō de shì Guǎngdōnghuà.

Ⅱ A：我已经吃饱了。
　　　Wǒ yǐjing chībǎo le.
　B：你再吃这个。
　　　Nǐ zài chī zhè ge.
　A：我实在吃不下了。
　　　Wǒ shízài chībuxià le.
　B：还有甜的呢。
　　　Hái yǒu tián de ne.

再 zài：副詞。「もっと」「さらに」。動作が重ねられていくときに使う。必ずしも同じ動作とは限らない。

2 中国語で言ってみよう。

1. 彼の言ったこと，わたしはぜんぶ聞きとりました。
2. 先生の話されたこと，わたしは聞きとれません。
3. カントン語は，あなたは聞きとれますか〈聞きとれませんか〉？
4. 彼の話すペキン語は，わたしは（聞いて）分かりません。
5. 彼は話すのが速すぎるので，わたしも（聞いて）分かりません。

ぜんぶ：都 dōu（副詞）

ペキン語：北京话 Běijīnghuà
（聞いて）分からない：听不明白 tīngbumíngbai
速すぎる：太快 tài kuài

読んでみよう

妈妈：
Māma:

您好吗？家里的人都好吗？
Nín hǎo ma? Jiā lǐ de rén dōu hǎo ma?

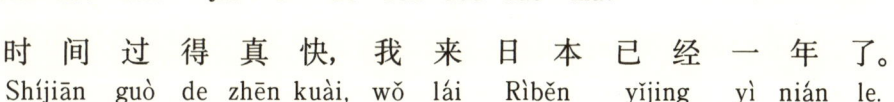

时间过得真快，我来日本已经一年了。
Shíjiān guò de zhēn kuài, wǒ lái Rìběn yǐjing yì nián le.

我每天都在努力学习日语。现在我已经
Wǒ měitiān dōu zài nǔlì xuéxí Rìyǔ. Xiànzài wǒ yǐjing

听得懂老师讲的课，还看得懂简单的文章
tīngdedǒng lǎoshī jiǎng de kè, hái kàndedǒng jiǎndān de wénzhāng

了。我的留学生活过得很愉快。请妈妈放心。
le. Wǒ de liúxué shēnghuó guò de hěn yúkuài. Qǐng māma fàngxīn.

今天就写到这里。
Jīntiān jiù xiědào zhèli.

祝妈妈
Zhù māma

身体健康！
shēntǐ jiànkāng!

您的女儿雪莲
Nín de nǚ'ér Xuělián

２００３年４月５日
Èr líng líng sān nián sì yuè wǔ rì

我来日本 wǒ lái Rìběn：「わたしが日本にきて(から)」と使われている。

已经一年了 yǐjing yì nián le："一年"は名詞性だが述語として使われている。「すでに一年(間)になった」「すでに一年たった」。

在 zài：副詞。"努力学习日语"全体を修飾して「～しているところだ」(→p.73)。

听得懂～文章了 tīngdedǒng～wénzhāng le："了"を"听得懂～文章"全体にそえて，それがこの時点で実現，達成されていることを示している(→p.67)。

请 qǐng："叫"型の動詞(→p.88)。「～に要請して～してもらう」「～に～してくれるように求める」。

就 jiù：ここでは「ほかはともかく」「とりあえず」「ひとまず」といった感じ。

祝 zhù："知道"型の動詞(→p.92)。「～であるように祈る」。"祝～"は，手紙の最後などにそえる決まった言い方。

12 学了几个月了？
[もう何か月勉強したの？]

㉓ 我 每天 学 两（个）小 时（的）汉 语。
　 Wǒ měitiān xué liǎng (ge) xiǎoshí (de) Hànyǔ.

㉔ 你 学 了 几 个 月（的）汉 语 了？
　 Nǐ xué le jǐ ge yuè (de) Hànyǔ le?

◎分量を示すことば

――動詞のすぐあとに分量を示すことばを置くと，動作の行われる期間や回数が示される。

你 等 一 会 儿 吧。（あなたちょっと待ってください。）
Nǐ děng yíhuìr ba.

我 等 了 半（个）小 时。（わたしは30分待った。）
Wǒ děng le bàn (ge) xiǎoshí.

我 学 了 两 个 月（的）汉 语。
Wǒ xué le liǎng ge yuè (de) Hànyǔ.
　　　　　　　　　　（わたしは中国語を2か月学んだ。）

他 去 过 三 次 中 国。
Tā qùguo sān cì Zhōngguó.
　　　　　　　　　　（彼は中国に3度行ったことがある。）

一会儿 yíhuìr：「ちょっとの間」という分量を示すことば。yìhuǐr とも発音される。

◇目的語を伴っている場合，期間を示すことばに "的" de をそえることがある。

过 guo：動詞に接尾して，動作が経験されていることを示す。"去过" で「行ったことがある」。「行ったことがない」は "没(有)去过"。

――目的語が人称を示すことばなどの代名詞であると，分量を示すことばは目的語のあとに置かれる。(目的語が固有名詞のときも，分量を示すことばが目的語のあとに置かれることがある。)

我 等 了 你 半 (个) 小 时。
Wǒ děng le nǐ bàn (ge) xiǎoshí.
(わたしはあなたを30分待った。)

我 见 过 他 一 次。(わたしは彼に1度会ったことがある。)
Wǒ jiànguo tā yí cì.

――形容詞のあとにも分量を示すことばを置いて，その程度を量的に示すことができる。

这 件 毛 衣 贵 一 点 儿。
Zhè jiàn máoyī guì yìdiǎnr.
(このセーターはちょっと高い。)

那 条 裤 子 东 西 好 一 些。
Nà tiáo kùzi dōngxi hǎo yìxiē.
(あのズボンはものが少しよい。)

> 一点儿 yìdiǎnr：「ちょっと(ばかり)」という分量を示すことば。
> 一些 yìxiē：「少し(ばかり)」「若干」という分量を示すことば。

◎述語にそえる"了"

――動詞に"了"leをそえると，動作が実現，達成されていることが示される（→ p.26）が，"了"を述語全体にそえることがある。述語全体に"了"をそえると，そこに述べられている事態がその述べられた時点で実現，達成されていることが示される。

我 买 词 典 了。
Wǒ mǎi cídiǎn le.
(わたしは辞書を買いました〈買ってあります〉。)

我 没 (有) 买 词 典。
Wǒ méi(you) mǎi cídiǎn.
(わたしは辞書を買っていません〈買ってありません〉。)

你 买 词 典 了 没 有？
Nǐ mǎi cídiǎn le méiyou?
(あなたは辞書を買いましたか〈買ってありますか〉？)

> ◇"我买了词典了。"のように動詞にも"了"がそえられることがある。二つの"了"を使うと，動作がすでに実現，達成されてしまっている，けりがついているとの思いの強い表現となる。
>
> ◇なお，"我买了。"の"了"は二様の場合があることになる。ある時点で買ったことを示すときは動詞にそえられた"了"としてであり，その述べられた時点で買ってあることを示すとすれば述語全体にそえられた"了"である。

——従って，述語に分量を示すことばがある場合，述語全体に"了"がそえられると，その分量を示すことばはその時点までに実現、達成された分量を示すことになる。この場合，その動作が実現されていることを明示するために，動詞にも必ず"了"をそえる。

 我 学 了 两 个 月 了。（わたしは学んで2か月になった。）
 Wǒ xué le liǎng ge yuè le.

 我 学 了 两 个 月（的）汉 语 了。
 Wǒ xué le liǎng ge yuè (de) Hànyǔ le.
      （わたしは中国語を学んで2か月になった。）

◇ "我学了两个月。"（「わたしは2か月学びました。」）という言い方では，"两个月"がいつのことなのかは示されない。

——なお，動詞にそえる"了"は動作がある時点で実現、達成されていることを示すので，次の動作に移るための仮定や前提を示す従属句として使われることがある。（このとき，目的語があってもこれを必ずしも具体的に表現する（→p.30）には及ばない。）

 他 来 了，我 们 就 走 吧。
 Tā lái le, wǒmen jiù zǒu ba.
     （彼が来たら，私たち出かけましょう。）

 我 买 了 课 本，可 是 还 没（有）买 词 典。
 Wǒ mǎi le kèběn, kěshì hái méi(you) mǎi cídiǎn.
  （わたしはテキストを買ったけれども，まだ辞書を買っていない。）

就 jiù：「ほかでもなく」「（それで）もう」といった副詞。仮定や前提を示す句をうけて，「（〜すると）もう」「（〜すると）早速」というようにも使われる。

可是 kěshì：接続詞。「だけど」「しかし」。

年月日、曜日、時刻の言い方

●年(西暦)
2006年：二 ○ ○ 六 年
　　　　èr líng líng liù nián

●月日
2月28日：二 月 二十八 号*
　　　　èr yuè èrshíbā hào

*書きことばでは "号" に代わって "日" rì を使う。

●曜日
月曜日〜土曜日：星 期 一 〜 星 期 六
　　　　　　　　xīngqī yī 〜 xīngqī liù

日曜日：星 期 天*
　　　　xīngqītiān

*"星期日" xīngqīrì とも言う。

●時刻
2:00：两* 点 （钟）
　　　liǎng diǎn (zhōng)

*"点" の前では "二" ではなく "两" を使う。

2:02：两 点 （零）** 二 分
　　　liǎng diǎn (líng) èr fēn

**"零" は「端数があって」の意。

2:12：两 点 十 二 分
　　　liǎng diǎn shí'èr fēn

——次のような言い方もある。

(2:15)：两 点 一 刻　　　(2時半)：两 点 半　　　(2:45)：两 点 三 刻
　　　　liǎng diǎn yíkè　　　　　　liǎng diǎn bàn　　　　　　liǎng diǎn sānkè

(3時2分前)：差 两 分 三 点
　　　　　　chà liǎng fēn sān diǎn

年数、月数、日数、時間数の言い方

●年数
2年(間)：两 年　　　　半年：半 年　　　　5年半：五 年 半
　　　　liǎng nián　　　　　bàn nián　　　　　wǔ nián bàn

●月数
2か月：两 个 月　　　　半月：半 个 月　　　　6か月半：六 个 半 月
　　　liǎng ge yuè　　　　　bàn ge yuè　　　　　liù ge bàn yuè

●日数
2日(間)：两 天　　　　半日：半 天　　　　7日半：七 天 半
　　　　liǎng tiān　　　　　bàn tiān　　　　　qī tiān bàn

●時間数
2時間：两 （个） 小 时*　　半時間：半 （个） 小 时　　8時間半：八 个 半 小 时
　　　liǎng (ge) xiǎoshí　　　　bàn (ge) xiǎoshí　　　　bā ge bàn xiǎoshí

*"小时" の代わりに "钟头" zhōngtóu を使ってもよい。その場合は "个" を省略しない。

1分間：一 分 （钟）　　　2分間：两 分 （钟）
　　　yì fēn(zhōng)　　　　　liǎng fēn(zhōng)

練習 12 学了几个月了？[もう何か月勉強したの？]

1 意味をとりながら発音してみよう。

Ⅰ A：你 每 天 学 几（个）小 时（的）汉 语？
　　Nǐ měitiān xué jǐ (ge) xiǎoshí (de) Hànyǔ?

　B：我 每 天 学 一 个 半 小 时。
　　Wǒ měitiān xué yí ge bàn xiǎoshí.

　A：学 了 几 年 了？
　　Xué le jǐ nián le?

　B：学 了 两 年 半 了。
　　Xué le liǎng nián bàn le.

Ⅱ A：他 又 去 中 国 了。
　　Tā yòu qù Zhōngguó le.

　B：他 去 了 四 次 了。
　　Tā qù le sì cì le.

　A：你 去 过 中 国 吗？
　　Nǐ qùguo Zhōngguó ma?

　B：我 还 没（有）去 过。
　　Wǒ hái méi(you) qùguo.

2 中国語で言ってみよう。

1．わたしは毎日，英語を3時間勉強します。
2．わたしは昨日，30分勉強しただけです。
3．わたしは今日，2時間半勉強したところです。
4．わたしはシャンハイに1度行ったことがある。
5．わたしは彼に2度会ったことがある。

シャンハイ：上海 Shànghǎi

読んでみよう

探望病人
Tànwàng bìngrén

李：老刘，最近怎么样了？
Lǐ: Lǎo-Liú, zuìjìn zěnmeyàng le?

刘：好多了。就要出院了。
Liú: Hǎo duō le. Jiù yào chūyuàn le.

李：那太好了。什么时候出院呢？
Nà tài hǎo le. Shénme shíhou chūyuàn ne?

刘：下星期五。住院住了半个月了，都住烦了。
Xià xīngqī wǔ. Zhùyuàn zhù le bàn ge yuè le, dōu zhùfán le.

李：我记得你以前也住过院。
Wǒ jìde nǐ yǐqián yě zhùguò yuàn.

刘：对，五年前住过一次。那时住了三个星期。
Duì, wǔ nián qián zhùguò yí cì. Nàshí zhù le sān ge xīngqī.

李：以后可要注意身体啊。
Yǐhòu kě yào zhùyì shēntǐ a.

刘：是啊。谢谢！
Shì a. Xièxie!

好多 hǎo duō：「ずっとよい」。この"多"も基本的には形容詞（"好"）のあとにそえて、その程度を量的に示す働きをしている（→ p.67）。

要出院了 yào chūyuàn le："要"は「〜しようとする」という助動詞（→ p.72）。"了"は"要出院"全体にそえられている（→ p.67）。よく"要〜了"（「〜しようとするところだ」）の形で使われる。前についている"就"は「すぐに」「もう」といった副詞。

太好了 tài hǎo le："太"は「あまりに」という副詞。よく"太〜了"（「(そうだと) あまりに〜ということになりますね」）の形で使われる。"了"は"太好"全体にそえられている（→ p.67）。

住院〜半个月了 zhùyuàn 〜 bàn ge yuè le："住院"はひとつの動詞のようにみえるが、もともと"住"が動詞、"院"がその目的語だと意識される。従って、"住了半个月(的)院了"と言ってよいが、ここのように言うこともある。"住院"のような動詞を離合（動）詞と言う。

可 kě：副詞。「それこそ」「これはもう」といった感じ。ここでは、助動詞の"要"（「〜しなくてはならない」）とひびきあっている。

13 一块儿来学习吧
[いっしょに勉強しよう]

㉕ 我 不 会 说 英语。
Wǒ bú huì shuō Yīngyǔ.

㉖ 我们 一块儿 来 学习 吧！
Wǒmen yíkuàir lái xuéxí ba!

◎助動詞

——助動詞は動詞（句）の前につけて，その動作成立の可能性や許可，義務などの判断を加える。

他 会 说 英语。（彼は英語が話せます。）
Tā huì shuō Yīngyǔ.

她 能 游 一 千 米。（彼女は1キロ泳げます。）
Tā néng yóu yì qiān mǐ.

——助動詞の前に"不"bùをつけると否定の形ができる。従って，正反疑問文もできる。

她 不 会 说 英语。（彼女は英語が話せません。）
Tā bú huì shuō Yīngyǔ.

你 会 不 会 说 英语？
Nǐ huì bu huì shuō Yīngyǔ?

会 huì：助動詞。「～（に応じることが）できる」。
能 néng：助動詞。「～（を成しとげることが）できる」。
米 mǐ：「メートル」の音訳語。

◇助動詞は「能願動詞」と呼ばれることもある。

◇正反疑問文→p.23

◇ "不" は "会不会" のように同形の助動詞にはさまれると，軽声に発音される。2音節の助動詞，例えば "可以" などは "可以不可以" のほか "可不可以" という形になるが，"不" は軽声に発音される。

你 会 说 英语 不 会？　（あなたは英語が話せますか〈話せませんか〉？）
Nǐ huì shuō Yīngyǔ bú huì?

◇助動詞は，ほかに例えば次のようなものがある。
得 děi：「～するよりほかない」
要 yào：「～しようとする」「～しなくてはならない」
可以 kěyǐ：「～してさしつかえない」
应该 yīnggāi：「～すべきだ」

——動詞(句)を省略することのできる助動詞がある。

我 当然 会。　（わたしはもちろんできます。）
Wǒ dāngrán huì.

◎動詞(句)の前の"来""去""在"

——"来" lái はもともと動詞だが，ほかの動詞(句)の前に置いて，「(自ら)～する」「(自分に引きよせて)～しよう」といった意味をそえる。

我们 一块儿 来 学习 吧！
Wǒmen yíkuàir lái xuéxí ba!
　　　（わたしたちいっしょに勉強しましょう！）

我 来 帮 忙 吧！　（わたしが手伝いましょう！）
Wǒ lái bāngmáng ba!

——"去" qù も動詞(句)の前に置いて，「(行って)～する」「(進んで)～にとりかかろう」といった意味をそえる。

我们 一块儿 去 看 电影 吧！
Wǒmen yíkuàir qù kàn diànyǐng ba!
　　　（わたしたちいっしょに映画を見に行こう！）

你 去 帮 忙 吧！　（あなた手伝い〔に行き〕なさいよ！）
Nǐ qù bāngmáng ba!

——"在" zài は，動詞(句)の前に置いて，「(まさに)～しているところだ」といった意味をそえる。

他们 在 吃 饭 呢。（彼らは食事をしていますよ。）
Tāmen zài chī fàn ne.

她 在 干 什么 呢？　（彼女は何をやっているんだい？）
Tā zài gàn shénme ne?

◇動詞にそえる"着"は動作（あるいはその結果）が変わりなく続いていることを示す（→p.51）ので，この"在"といっしょに使われることがある。例えば，
　"雪还在下着呢。"
　「雪はまだ降っていますよ。」

練習 13 一块儿来学习吧 [いっしょに勉強しよう]

1 意味をとりながら発音してみよう。

I A：我们一块儿去游泳吧！
　　Wǒmen yíkuàir qù yóuyǒng ba!

　B：我不会游泳。
　　Wǒ bú huì yóuyǒng.

　A：那，我们一块儿来练习吧！
　　Nà, wǒmen yíkuàir lái liànxí ba!

　　我也只能游一百米左右。
　　Wǒ yě zhǐ néng yóu yì bǎi mǐ zuǒyòu.

II A：你做什么呢？
　　Nǐ zuò shénme ne?

　B：我在做作业。
　　Wǒ zài zuò zuòyè.

　　你来帮忙吧。
　　Nǐ lái bāngmáng ba.

　A：不行，我得去买东西呢。
　　Bù xíng, wǒ děi qù mǎi dōngxi ne.

游泳 yóuyǒng：「泳ぐ」。分量を示すことばを伴うときにはふつう"游泳"ではなく"游"を使う。

書き順
练 ⼂ ⼃ ⼅ 纟 纡 练 练
练（8画）

2 中国語で言ってみよう。

1．あなたはパソコンが使えますか？
2．わたしは少し使えます。
3．あなたは1分間にいくつの文字を打てますか？
4．あなたは宿題をしなさい，わたしは晩ご飯をつくります。
　（動詞の前に "去" "来" を使って）
5．彼らはテレビを見ています。（"在" を使って）

使う：用 yòng

いくつの文字：多少字 duōshao zì
打つ：打 dǎ
晩ご飯：晚饭 wǎnfàn
テレビ：电视 diànshì

読んでみよう

公害
Gōnghài

过去 在 中国，会 开 汽车 的 人 大 多 是 职业 司机。
Guòqù zài Zhōngguó, huì kāi qìchē de rén dàduō shì zhíyè sījī.

一般 人 几乎 都 不 会 开 汽车。可是 最近 几 年，私人 小汽车 增多 了。
Yìbān rén jīhū dōu bú huì kāi qìchē. Kěshì zuìjìn jǐ nián, sīrén xiǎoqìchē zēngduō le.

很 多 人 都 去 学 开车。会 开 汽车 的 人 越 来 越 多 了。
Hěn duō rén dōu qù xué kāi chē. Huì kāi qìchē de rén yuè lái yuè duō le.

因为 汽车 的 使用率 在 不断 地 增加，一些 大 城市 已经 出现 了 尾气 污染 的 公害 问题。
Yīnwèi qìchē de shǐyònglǜ zài búduàn de zēngjiā, yìxiē dà chéngshì yǐjing chūxiàn le wěiqì wūrǎn de gōnghài wèntí.

公害 将 是 二十一 世纪 中国 面临 的 重大 问题。
Gōnghài jiāng shì èrshiyī shìjì Zhōngguó miànlín de zhòngdà wèntí.

在中国 zài Zhōngguó："在"は介詞（→p.77）。「～において」「～で」。"在中国"で「中国で」。

几年 jǐ nián：「数年(間)」。ここの"几"は「いくつか」「二、三」という概数を示している。

学开车 xué kāi chē："开车"は動詞(句)だが，"学"の目的語になっている（→p.92）。

越来越多 yuè lái yuè duō："越～越～"で「～すればするほど～だ」。"越来越～"で「ますます～だ」。この"来"は時の経過を示している。

因为 yīnwèi：接続詞。「～なので」。よく"因为～，所以 suǒyǐ～"（「～なので，だから～」）と呼応させた使い方をする。

不断地 búduàn de："不断"はもともと「途切れない」という動詞(句)。ここでは"地"をそえて副詞的に使われている。"地"は副詞としてつかわれることを示すマーク。

尾气 wěiqì：「排気ガス」。

14 在学校门口等你
[学校の入り口で待ってるよ]

㉗ 我 先 去 超 级 市 场 买 东 西。
  Wǒ xiān qù chāojí shìchǎng mǎi dōngxi.

㉘ 那, 我 五 点 半 在 学 校 门 口 等 你。
  Nà, wǒ wǔ diǎn bàn zài xuéxiào ménkǒu děng nǐ.

◎前置される動詞(句)

――動詞(句)の前に動詞句を置いて，動作を行うにあたっての手続き、方法、形態などを示す。

去 超 级 市 场 买 东 西
qù chāojí shìchǎng mǎi dōngxi
　　　　　　　　　(スーパーに行って買い物をする)

坐 飞 机 去 西 安 (飛行機でシーアンに行く)
zuò fēijī qù Xī'ān

坐 着 看 书 (座ったまま本を読む)
zuò zhe kàn shū

跟 着 电 视 学 汉 语 (テレビで中国語を学ぶ)
gēn zhe diànshì xué Hànyǔ

書き順

场 一 十 よ 圴 场 场
（6画）

坐着 zuò zhe：動詞の"坐"（「座る」）に持続を示す"着"をそえた形。

跟着 gēn zhe：動詞の"跟"（「つき従う」）に持続を示す"着"をそえた形。"跟着电视"で「テレビによって」「テレビを見て」。

◎介詞句

——動詞(句)の前に介詞句を置いて，動作を行うにあたっての場所、時、方式などを示す。介詞句は介詞とその目的語とでつくられる。

在　门　口　等　你　(入り口であなたを待つ)
zài ménkǒu děng nǐ

从　上　海　去　北　京　(シャンハイからペキンに行く)
cóng Shànghǎi qù Běijīng

在 zài：介詞。「～で」「～において」。

从 cóng：介詞。「～から」。

——〔介詞句＋動詞(句)〕は一体の表現なので，"不"bùや"没(有)"méi(you)は介詞句の前に置くのが原則。助動詞も同じく介詞句の前に置く。

他　不　从　上　海　去　北　京。(彼はシャンハイからペキン
Tā bù cóng Shànghǎi qù Běijīng.　に行かない。)
　　　　　　　　　　　※ほかの場所から行く。

我　不　会　用　英　语　说　话。
Wǒ bú huì yòng Yīngyǔ shuōhuà.
　　　　　　(わたしは英語で話をすることができません。)

◇介詞句は上述の，動詞(句)の前に置く動詞句とは類縁関係にある。介詞は動詞から派生し機能化したもの。なお，介詞は「前置詞」とも呼ぶ。

◇動詞(句)の前に，"不"などを置くのは次のような場合。"她从上海不去北京，去西安。"「彼女はシャンハイからペキンに行かず、シーアンに行く。」

——形容詞(句)の前に，比較対照するための基準、対象を示す介詞句を置くことがある。なお，否定を示す"不"は形容詞(句)の前に置くのが原則。

我　家　离　车　站　远　一　点　儿。
Wǒ jiā lí chēzhàn yuǎn yìdiǎnr.
　　　　　　　　　(わたしの家は駅からちょっと遠い。)

这　件　毛　衣　跟　你　的　不　一　样。
Zhè jiàn máoyī gēn nǐ de bù yíyàng.
　　　　　　　(このセーターはあなたのと同じではない。)

今　天　比　昨　天　更　冷。(今日は昨日よりずっと寒い。)
Jīntiān bǐ zuótiān gèng lěng.

◇介詞"比"(「～に比べて」「～より」)を使った文では，"不"は必ず"比"の前に置く。意味に注意。
"今天不比昨天冷。"
「今日は昨日より寒いというほどではない(昨日とあまり変わらない)。」
「昨日より寒くない」と言うときには次のように言う。
"今天没有昨天(那么)冷。"
「今日は昨日ほど寒くない。」

練習 14 在学校门口等你 ［学校の入り口で待ってるよ］

1 意味をとりながら発音してみよう。

Ⅰ A：你 先 去 哪 儿？
　　　Nǐ xiān qù nǎr?

　B：我 先 去 北 京 找 一 个 朋 友。
　　　Wǒ xiān qù Běijīng zhǎo yí ge péngyou.

　A：从 北 京 去 哪 儿？
　　　Cóng Běijīng qù nǎr?

　B：坐 火 车 去 上 海。
　　　Zuò huǒchē qù Shànghǎi.

Ⅱ A：你 家 离 学 校 近 吗？
　　　Nǐ jiā lí xuéxiào jìn ma?

　B：我 家 离 学 校 远 一 点 儿。
　　　Wǒ jiā lí xuéxiào yuǎn yìdiǎnr.

　A：骑 自 行 车 去 得 多 少 时 间？
　　　Qí zìxíngchē qù děi duōshao shíjiān?

　B：得 三 十 分 钟。
　　　Děi sānshí fēnzhōng.

2 中国語で言ってみよう。

1．わたしは毎日，自転車に乗って学校に行きます。
2．彼女は今日，リー君といっしょに出かけました。
3．彼の家はわたしの家のすぐ近くです。
4．わたしは公園の入り口であなたを待ちます。
5．今日は昨日より少し暖かい。

学校に行く：上学 shàngxué

〜といっしょに：跟〜一起 gēn 〜 yìqǐ

公園：公园 gōngyuán

暖かい：暖和 nuǎnhuo

読んでみよう

熊 猫
Xióngmāo

两 只 小 熊 猫 在 草 丛 里 抱 头 睡 觉。不-
Liǎng zhī xiǎo xióngmāo zài cǎocóng lǐ bào tóu shuìjiào. Bù-

一 会 儿 一 只 晃 着 小 脑 袋 醒 了。它 突 然 打
yíhuìr yì zhī huàng zhe xiǎo nǎodài xǐng le. Tā tūrán dǎ

了 个 滚 翻 叫 醒 了 另 一 只。这 只 比 先 醒 的
le ge gǔnfān jiàoxǐng le lìng yì zhī. Zhè zhī bǐ xiān xǐng de

那 一 只 小 一 点 儿。
nà yì zhī xiǎo yìdiǎnr.

两 只 小 熊 猫 开 始 在 草 丛 里 玩 耍。
Liǎng zhī xiǎo xióngmāo kāishǐ zài cǎocóng lǐ wánshuǎ.

一 会 儿 从 草 丛 里 爬 到 树 上，一 会 儿 从 树
Yíhuìr cóng cǎocóng lǐ pádào shù shàng, yíhuìr cóng shù

上 爬 到 地 下。
shàng pádào dìxia.

小 熊 猫 真 可 爱 呀！
Xiǎo xióngmāo zhēn kě'ài ya!

它 tā："他／她" tā と同類。人間以外のものを指すときに "它" という字を使う。

打了个滚翻 dǎ le ge gǔnfān："滚翻" は「ごろっところがること」「宙返り」。"打" はそのような動作を「する」こと。"个" が目的語の頭に置かれると，その動作が軽く行われることを意味する。

开始～玩耍 kāishǐ～wánshuǎ："开始" は "在～玩耍" 全体を目的語にしている。

呀 ya：語気詞 "啊" a の音便。"啊" の発音は，その前にくる音に影響されて発音しやすく変化することがある。ここでは，"可爱" kě'ài の i [i] の影響で ya [ia] となった。漢字も "呀" に代えてある。

15 把照相机带来吧
[カメラを持っておいでよ]

㉙ 明天我带水果去。
Míngtiān wǒ dài shuǐguǒ qù.

㉚ 你把你的照相机带来吧！
Nǐ bǎ nǐ de zhàoxiàngjī dài lái ba!

◎動詞(句)にそえる"去""来"

——動詞(句)の後に"去"qù をそえると，その動作が話し手の視点から遠のくことを示し，"来"lái をそえると近づくことを示す。このとき，動詞(句)の示す動作は，ある状態を持続させながら遠のいたり近づいたりすることのできるものでなければならない。

◇動詞(句)にそえる"去""来"を「方向補語」と呼ぶことがある。

带　去
dài qù
(〈身につけて〉持っていく)

带　来
dài lái
(〈身につけて〉持ってくる)

带　水　果　去
dài shuǐguǒ qù
(果物を〈身につけて〉持っていく)

带　水　果　来
dài shuǐguǒ lái
(果物を〈身につけて〉持ってくる)

走 进 去　　　　　　走 进 来
zǒujìn　qù　　　　　zǒujìn　lái
（歩いて入っていく）　（歩いて入ってくる）

走 进 教 室 去　　　走 进 教 室 来
zǒujìn　jiàoshì　qù　　zǒujìn　jiàoshì　lái
（教室に歩いて入っていく）（教室に歩いて入ってくる）

——動詞が動作とその結果を示す複合語であるとき，その結果を示す部分と"去"あるいは"来"とが結びついて，意味に変移の見られるものがある。

　说 下 去（はなし続ける）
　shuōxià　qù

　说 起 来（はなし始める）　说 起 话 来（はなしをし始める）
　shuōqǐ　lái　　　　　shuōqǐ　huà　lái

◇動作とその結果の複合語
　→ p.63

- 下去 -xià qù：「〜し続ける」。
（目的語はふつう伴わない。）

- 起来 -qǐ lái：「〜し始める」「〜してみる」。

◇"下去""起来"の部分も「方向補語」と呼ぶことがある。

◎介詞"把"

——介詞"把"bǎ は，その目的語に「〜に〜という処置を加える」「〜を〜という状態におく」といった何らかの作為を加える意味関係をつくる。目的語はふつう，既知のものである。

你 把 你 的 照 相 机 带 来 吧！
Nǐ　bǎ　nǐ　de　zhàoxiàngjī　dài　lái　ba!
　　　　（あなたはあなたのカメラを持ってきてくださいね！）

你 把 今 天 的 报 纸 给 他 拿 去！
Nǐ　bǎ　jīntiān　de　bàozhǐ　gěi　tā　ná　qù!
　　　　（あなた，今日の新聞を彼に持っていってあげなさい！）

小 华 把 雨 伞 拿 进 教 室 来 了。
Xiǎohuá　bǎ　yǔsǎn　nájìn　jiàoshì　lái　le.
　　　　（シャオホアは傘を教室に持ちこんできた。）

練習 15 把照相机带来吧 ［カメラを持っておいでよ］

1 意味をとりながら発音してみよう。

I A：小 赵 带 雨 伞 去 了 吗？
　　Xiǎo-Zhào dài yǔsǎn qù le ma?

B：她 没（有）带 去。
　　Tā méi(you) dài qù.

A：要 下 雨 了。
　　Yào xià yǔ le.

B：那 么，你 把 雨 伞 给 她 带 去 吧。
　　Nàme, nǐ bǎ yǔsǎn gěi tā dài qù ba.

II A：下 雪 了！ 快 进 来 吧。
　　Xià xuě le! Kuài jìn lái ba.

B：可 以 进 去 吗？
　　Kěyǐ jìn qù ma?

A：快 进 屋 里 来！
　　Kuài jìn wū lǐ lái!

　　把 行 李 也 拿 进 来！
　　Bǎ xíngli yě nájìn lái!

> 要～了 yào~le："要"は「～しようとする」「～となりそう」という助動詞。"要～"全体に"了"をそえて「～しそう（な事態）だ」「（もうすぐ）～となるところだ」。

2 中国語で言ってみよう。

1. あなたは宿題をみな，しあげたの？（"把"を使って）
2. わたしは辞書を学校に忘れてしまった。（"把"を使って）
3. 空がだんだん暗くなってきた。
4. 風も吹きはじめた。
5. あなた，はやく洗たく物を取りこんで！（"把"を使って）

> しあげる：做好 zuòhǎo
> 学校に忘れる：忘在学校里 wàngzài xuéxiào lǐ
> 空：天 tiān
> だんだん：渐渐(地) jiànjiàn-(de)
> 暗くなってくる：黑下来 hēixià lái
> 風：风 fēng
> 吹きはじめる：刮起来 guāqǐ lái
> 洗たく物：(洗的)衣服 (xǐ de) yīfu
> 取りこむ：收进来 shōujìn lái

読んでみよう

孟姜女的故事
Mèngjiāngnǚ de gùshi

秦始皇为了修筑万里长城，抓去了很
Qínshǐhuáng wèile xiūzhù Wànlǐ Chángchéng, zhuāqù le hěn

多年轻人。孟姜女的丈夫万喜良也被抓
duō niánqīng rén. Mèngjiāngnǚ de zhàngfu Wàn Xǐliáng yě bèi zhuā

去了。孟姜女日夜想念丈夫。冬天快到
qù le. Mèngjiāngnǚ rìyè xiǎngniàn zhàngfu. Dōngtiān kuài dào

了。孟姜女决定把棉衣给丈夫送去。她走
le. Mèngjiāngnǚ juédìng bǎ miányī gěi zhàngfu sòng qù. Tā zǒu

了很多天，终于来到了长城脚下。可是万
le hěn duō tiān, zhōngyú láidào le Chángchéng jiǎoxià. Kěshì Wàn

喜良已经累死了。孟姜女听到这个消息，
Xǐliáng yǐjing lèisǐ le. Mèngjiāngnǚ tīngdào zhè ge xiāoxi,

就抱着带来的棉衣大哭起来。一连哭了
jiù bào zhe dài lái de miányī dàkūqǐ lái. Yìlián kū le

几天几夜。正哭着，突然一声巨响，
jǐ tiān jǐ yè. Zhèng kū zhe, tūrán yì shēng jùxiǎng,

长城竟被孟姜女的哭声震塌了。
Chángchéng jìng bèi Mèngjiāngnǚ de kūshēng zhèntā le.

- **被抓去 bèi zhuā qù**：" 被 " を動詞(句)の前につけると動詞(句)は受け身の意味に転換する。一種の副詞。" 抓去 " は「捕らえていく。」。" 被抓去 " で「捕らえてつれていかれる」。下記の " 被 " (介詞)と近縁の使い方(→p.89注)。
- **一声巨响 yì shēng jùxiǎng**：" 声 " は量詞。" 一声巨响 " で「(一つの) 巨大な音」。名詞性の言い方だが，ここでは，副詞の " 突然 " がついて，「巨大な音がして」という風に使われている。
- **被孟姜女~了 bèi Mèngjiāngnǚ~le**：ここの " 被 " は「~によって~される」という受け身の意味関係をつくる介詞(→p.89)。

16 打扫得干干净净的
[きれいに掃除してある]

㉛ 你 把 屋 子 好 好 儿（地）打 扫 打 扫！
　 Nǐ bǎ wūzi hǎohāor (de) dǎsǎodǎsǎo!

㉜ 屋 子 打 扫 得 干 干 净 净 的。
　 Wūzi dǎsǎo de gāngānjìngjìng de.

◎動詞の重ね型

——同じ動詞を重ねるとソフトな表現になる。人にちょっとやってみるようにすすめたり，自分からちょっとやってみようと言いだしたりするときなど，この型を使う。また，「～したり，～したり」と言うときなどにも，この型を使う。

你 把 屋 子 打 扫 打 扫！
Nǐ bǎ wūzi dǎsǎodǎsǎo!
　　　　（あなた，部屋をちょっと掃除して！）
给 我 看 看！（わたしにちょっと見せて下さい！）
Gěi wǒ kànkan!
星 期 天 我 洗 洗 衣 服，看 看 电 视。
Xīngqītiān wǒ xǐxi yīfu, kànkan diànshì.
　　　（日曜日には，わたしは洗濯したり，テレビを見たりします。）

◇動詞を重ねると，重ねられた後半の部分はやや軽く発音される。

◇1音節の動詞の重ね型，例えば"看看"に似た言い方に"看一看"があるが，"看一看"の"一看"は分量を示すことばとして機能している。（"一看"の"看"は動詞が量詞に転用されたものである。なお，数詞は"一"に限られる。）両者は似た意味になるが語法上は区別される。

◎形容詞の重ね型

——形容詞は本来，ほかと比べて（相対的に）どのようだ，という意味を示すが，重ね型にすると，状態そのものを（絶対的に）生き生きと描写する働きをするようになる。

なお，述語として使われるときにはふつう"的"deをそえる。副詞的に使われるときには"地"deをそえることがある。

屋 子 打 扫 得 干 干 净 净 的。
Wūzi dǎsǎo de gāngānjìngjìng de.
（部屋はきれいに掃除してあります。）

你 把 屋 子 好 好 儿 （地）打 扫 打 扫！
Nǐ bǎ wūzi hǎohāor （de） dǎsǎodǎsǎo！
（あなたは部屋をしっかりと掃除してください！）

——オノマトペ（擬態語、擬声語）も，ものの状態を生き生きと描写するので，形容詞の重ね型と同じように使われる。

述語として使われるときにはふつう"的"deをそえる。副詞的に使われるときには"地"deをそえることがある。

屋 子 里 乱 糟 糟 的。（部屋のなかはめちゃめちゃだ。）
Wūzi lǐ luànzāozāo de.

孩 子 们 都 嘻 嘻 （地）笑 起 来 了。
Háizimen dōu xīxī （de） xiàoqǐ lái le.
（子どもたちはみなクスクスと笑いだした。）

◇1音節の形容詞は基本的にはそのまま重ねて発音されるが，常用のものには，第2音節が第一声に変調し語尾が儿化するものがある（例："好好儿" hǎohāor、"慢慢儿" mànmānr、"快快儿" kuàikuāir）。

◇2音節の形容詞（ＡＢ）はＡＡＢＢのように重ねて，第2音節はやや軽く第4音節は強く発音する。

◇形容詞を述語とする文→p.55

練習 16 打扫得干干净净的 ［きれいに掃除してある］

1 意味をとりながら発音してみよう。

I　A：你 看看，这样 写，行 不 行？
　　　Nǐ kànkan, zhèyang xiě, xíng bu xíng?
　B：这 个 部 分 有点儿 小。
　　　Zhè ge bùfen yǒudiǎnr xiǎo.
　A：那，你 帮 我 修 改 修 改！
　　　Nà, nǐ bāng wǒ xiūgǎixiūgǎi!
　B：好 吧。
　　　Hǎo ba.

有点儿 yǒudiǎnr：「少し（〜のところがある）」。もと動詞(句)だが副詞。望ましくない状態に対して使う。

II　A：今 天 的 功 课，你 复 习 好 了 吗？
　　　Jīntiān de gōngkè, nǐ fùxíhǎo le ma?
　B：没（有）复 习 呢。
　　　Méi(you) fùxí ne.
　A：你 好好儿（地）复 习 复 习 吧！
　　　Nǐ hǎohāor (de) fùxífùxí ba!
　　　明 天 有 考 试。
　　　Míngtiān yǒu kǎoshì.

散歩する：散步 sànbù →（重ね型）散散步 sànsan bù

◇"散步"はひとつの動詞のようにみえるが，もともと"散"が動詞，"步"がその目的語だと意識される。従って，"散步"を重ね型にするときには"散散步"と，もともとの動詞の部分だけを重ねる。（語法上必要なときにこのように二つに分離して使われる動詞を離合(動)詞という。）

2 中国語で言ってみよう。

1．わたしたち公園に行って散歩しましょう！
2．わたしたちゆっくり歩きましょう！
3．わたしたち，ここで休みましょうよ！
4．あなた，しっかり聞きなさい！
5．先生ははっきりと話されました。（"讲得~"を使って）

ゆっくり：慢 màn →（重ね型）慢慢儿 mànmānr
休む：休息 xiūxi
聞く：听 tīng
はっきりしている：清楚 qīngchu

読んでみよう

修饰打扮
Xiūshì dǎbàn

中国有一句谚语——"爱美之心，人皆有之"。可是长期以来，人们不得不把这个自然的心理要求压在心灵深处。现在时代变了，年轻的姑娘们出门之前总是要化化妆，好好儿地打扮打扮。走在大街上，到处都可以看到打扮得漂漂亮亮的人们。这种光景在"中山服"时代的中国是不可想象的。

Zhōngguó yǒu yí jù yànyǔ —— "Ài měi zhī xīn, rén jiē yǒu zhī". Kěshì chángqī yǐlái, rénmen bùdébù bǎ zhè ge zìrán de xīnlǐ yāoqiú yāzài xīnlíng shēnchù. Xiànzài shídài biàn le, niánqīng de gūniangmen chūmén zhīqián zǒngshì yào huàhua zhuāng, hǎohāor de dǎbàndǎbàn. Zǒuzài dàjiē shàng, dàochù dōu kěyǐ kàndào dǎbàn de piàopiàoliàngliàng de rénmen. Zhè zhǒng guāngjǐng zài "Zhōngshānfú" shídài de Zhōngguó shì bù kě xiǎngxiàng de.

"爱美之心，人皆有之 Ài měi zhī xīn, rén jiē yǒu zhī"：「おしゃれ心は，誰でもみなもっている」。
长期以来 chángqī yǐlái：「これまで長い間」。
化化妆 huàhua zhuāng："化妆"という離合(動)詞の重ね型。

17 被老王拿走了
[ワンさんに持っていかれた]

㉝ 我 叫 小丽 去 买 雨伞 了。
　Wǒ jiào Xiǎolì qù mǎi yǔsǎn le.

㉞ 我的 雨伞 被 老王 拿走 了。
　Wǒ de yǔsǎn bèi lǎo-Wáng názǒu le.

◎"叫"型の動詞

——動詞 "叫" jiào は，すぐあとに「誰それ」にあたることば，そしてそのあとに「何々する」にあたることばを続けて，「～に～するようにさせる」という意味関係をつくる。広い意味で使役を意味する動詞は基本的にこのような形をとる。

　我 叫 小丽 去 买 雨伞 了。
　Wǒ jiào Xiǎolì qù mǎi yǔsǎn le.
　　　　　（わたしはシァオリーに傘を買いに行かせた。）
　我 让 她 收拾 屋子 了。
　Wǒ ràng tā shōushi wūzi le.
　　　　　（わたしは彼女に部屋をかたづけてもらった。）
　我 请 他 教 我 汉语。
　Wǒ qǐng tā jiāo wǒ Hànyǔ.
　　　　（わたしは彼にわたしに中国語を教えてくれるようにお願いします。）

小丽 Xiǎolì：名前の一部などに "小" をつけた一種の愛称としての幼名。

让 ràng：動詞。「～に～してもらう」（やや控えめな表現）。

请 qǐng：動詞。「～に要請して～してもらう」。

◎受け身

――介詞 "被" bèi は，すぐあとに「誰それ」にあたることば，そしてそのあとに「何々する」にあたることばを続けて，「～によって～される」という受け身の意味関係をつくる。"叫" jiào，"让" ràng などの介詞も同じように受け身の意味関係をつくる。なお，動作の受け手は，主題として文頭に置かれる。

我 的 雨 伞 被 老 王 拿 走 了。
Wǒ de yǔsǎn bèi lǎo-Wáng názǒu le.
(わたしの傘はワンさんに持っていかれた。)

我 的 自 行 车 叫 他 骑 走 了。
Wǒ de zìxíngchē jiào tā qízǒu le.
(わたしの自転車は彼に乗っていかれた。)

我 的 词 典 让 她 借 走 了。
Wǒ de cídiǎn ràng tā jièzǒu le.
(わたしの辞書は彼女に借りていかれた。)

――なお，文頭に主題を置いて動作主(主語)を欠いた文は受け身の感覚が生じることがある。

屋 子 打 扫 得 很 干 净。
Wūzi dǎsǎo de hěn gānjing.
(部屋はきれいに掃除されている。)

问 题 一 定 会 解 决。(問題は必ず解決されるだろう。)
Wèntí yídìng huì jiějué.

◇ "被" はまた，一種の副詞として動詞(句)の前につけて，その動詞(句)を受け身の意味に転換させる働きもする。例えば，
"我的雨伞被拿走了。"
「わたしの傘は持っていかれた。」
この場合は従って，動作者は示されない。

被 bèi：介詞。「～によって～される」(被害を受ける感じ)。

叫 jiào：介詞。「～によって～される」。

让 ràng：介詞。「～によって～される」(やや控えめな表現)。

練習 17 被老王拿走了 ［ワンさんに持っていかれた］

1 意味をとりながら発音してみよう。

I A：请你借给我一枝钢笔。
　　Qǐng nǐ jiègěi wǒ yì zhī gāngbǐ.
　　我的钢笔让小华借走了。
　　Wǒ de gāngbǐ ràng Xiǎohuá jièzǒu le.
　B：请你用用这枝。
　　Qǐng nǐ yòngyong zhè zhī.
　A：谢谢！
　　Xièxie!

II A：屋子里怎么这么乱糟糟的？
　　Wūzi lǐ zěnme zhème luànzāozāo de?
　B：被孩子们弄脏了。
　　Bèi háizimen nòngzāng le.
　　怎么办？
　　Zěnme bàn?
　A：还是叫他们收拾干净吧。
　　Háishi jiào tāmen shōushigānjìng ba.

还是 háishi：副詞。「やはり」。

2 中国語で言ってみよう。

1. わたしの自転車はシァオホアに乗っていかれた。
2. あなたは彼に何をさせたの？
3. わたしは彼に買い物に行ってもらいました。
4. あなたの傘は誰に持っていかれたの？
5. わたしはシァオリーに傘を持っていかせました。

読んでみよう

桃花源的故事
Táohuāyuán de gùshi

古时候，一片美丽的桃林被一个渔夫
Gǔ shíhou, yí piàn měilì de táolín bèi yí ge yúfū
发现了。渔夫来到桃林深处，走过一个小
fāxiàn le. Yúfū láidào táolín shēnchù, zǒuguò yí ge xiǎo
洞口，他的眼前突然出现了一座静静的
dòngkǒu, tā de yǎnqián tūrán chūxiàn le yí zuò jìngjìng de
小村庄。来往的人都显得很快乐。人们请
xiǎo cūnzhuāng. Láiwǎng de rén dōu xiǎn de hěn kuàilè. Rénmen qǐng
渔夫到家里做客。他们都非常热情。过了
yúfū dào jiā lǐ zuò kè. Tāmen dōu fēicháng rèqíng. Guò le
几天，渔夫回家了。他把桃花源的事儿
jǐ tiān, yúfū huí jiā le. Tā bǎ táohuāyuán de shìr
告诉了地方官，地方官让人去找，可是没
gàosu le dìfāngguān, dìfāngguān ràng rén qù zhǎo, kěshì méi
找到。从那以后，那个美丽的
zhǎodào. Cóng nà yǐhòu, nà ge měilì de
桃花源再也没有被人发现。
táohuāyuán zài yě méi yǒu bèi rén fāxiàn.

桃花源 táohuāyuán：″陶渊明″ Táo Yuānmíng の〈桃花源记〉Táohuāyuán jì に描かれた仙境。
走过 zǒuguò：「（歩いて）通りすぎる」。この″过″は「経過する」の意。
从那以后 cóng nà yǐhòu：「それから以後」。
再也 zài yě：「これ以上」「二度と」。あとに″不″や″没(有)″が現われる。

18 他是昨天来的
[彼はきのう来たのです]

㉟ 你 知 道 他 什 么 时 候 来 吗？
　Nǐ　zhīdao　tā　shénme　shíhou　lái　ma?

㊱ 他 已 经 来 了，他（是）昨 天 来 的。
　Tā　yǐjing　lái　le,　tā (shì) zuótiān　lái　de.

◎"知道"型の動詞

——"知道" zhīdaoなど，思考，知覚に関わる意味の動詞は，動詞(句)、形容詞(句)などをその目的語とすることがある。

你 知 道 他 什 么 时 候 来 吗？
Nǐ　zhīdao　tā　shénme　shíhou　lái　ma?
　　　　　　（あなたは彼がいつ来るか知っていますか？）

我 想 他 不 能 来。（わたしは彼は来れないと思う。）
Wǒ xiǎng tā　bù néng lái.

她 希 望 能 跟 他 再 会。
Tā　xīwàng néng gēn tā zài huì.
　　　　　　（彼女は彼とまた会いたがっています。）

你 觉 得 怎 么 样？（あなたはどう思いますか？）
Nǐ　juéde　zěnmeyàng?

◎説明の文

── "的" de は，そのとおりでまちがっていない，という気持ちを伝える語気詞。「そうなのだ」という判断を示す "是" shì と呼応して "(是)～的。" の形で，「～ということです。」「～なのだ。」といった説明（それがどういう事情だったのか）の文ができる。"是" は説明部分の前に置くが，省かれることもある。

 他（是）昨天来的。（彼は昨日来たのです。）
 Tā (shì) zuótiān lái de.

 她（是）不会来的。（彼女は来れないはずです。）
 Tā (shì) bú huì lái de.

◇"这是他买的。"（「これは彼が買ったものです。」）のような "是" の文（→p.39）とは違うことに注意。

不会 bú huì：助動詞の否定の形。「～（に応じることが）できない」。"(是)不会来的" で「来ることができない事情だ」。

── "不是～的。" の形で，「～ということではない。」「～なのではない。」といった否定の説明の文ができる。"不是" bú shì は省くことができない。

 他 不 是 昨天 来 的。（彼は昨日来たのではありません。）
 Tā bú shì zuótiān lái de.

数のとなえ方 ❷

● 100 以上の単位となる数

 一 百　　二 百　……　一 千　　两 千　……
 yì bǎi　　èr bǎi　　　　yì qiān　liǎng qiān

 一 万　　两 万　……　一 万 万　　两 万 万 …
 yí wàn　liǎng wàn　　　yí wànwàn　liǎng wànwàn

● 100 以上の具体的な数のとなえ方

 301：三 百 零 一　　　310：三 百 一
   sān bǎi líng yī　　　　sān bǎi yī

 311*：三 百 一 十 一
   sān bǎi yīshiyī

 4001：四 千 零 一　　4010*：四 千 零 一 十
   sì qiān líng yī　　　　sì qiān líng yīshí

 50101：五 万 (零) 一 百 零 一
    wǔ wàn (líng) yì bǎi líng yī

◇話しことばでは，"千" "万" "万万" の前では "二" を使わずに "两" を使う。

◇書きことばでは "万万" に代わって "亿" yì を使う。

◇単位がとぶときには "零" líng（「端数があって」の意）を入れるのが原則。

◇単位が続くときには最後の単位は省略するのがふつう。

＊3ケタ以上の数で，10の位が1のとき "十" の前には "一十" yīshí～，"一十九" yīshijiǔ のように，"一" が必要。このとき，"一" は変調せずに発音される。

練習 18 他是昨天来的 ［彼はきのう来たのです］

1 意味をとりながら発音してみよう。

Ⅰ A：你 知 道 大 学 什 么 时 候 放 假 吗？
　　 Nǐ zhīdao dàxué shénme shíhou fàngjià ma?

　 B：你 不 知 道 吗？已 经 放 假 了。
　　 Nǐ bù zhīdao ma? Yǐjing fàngjià le.

　 A：(是) 什 么 时 候 放 假 的？
　　 (Shì) shénme shíhou fàngjià de?

　 B：(是) 十 七 号 放 假 的。
　　 (Shì) shíqī hào fàngjià de.

Ⅱ A：你 不 是 跟 小 丽 一 起 来 的 吗？
　　 Nǐ bú shì gēn Xiǎolì yìqǐ lái de ma?

　 B：不 是，我 (是) 一 个 人 来 的。
　　 Bú shì, wǒ (shì) yí ge rén lái de.

　 A：你 知 道 不 知 道 小 丽 几 号 来？
　　 Nǐ zhīdao bu zhīdao Xiǎolì jǐ hào lái?

　 B：我 想 她 这 次 不 来。
　　 Wǒ xiǎng tā zhè cì bù lái.

2 中国語で言ってみよう。

1. あなたはテニスをするのが好きですか〈好きではありませんか〉？
2. わたしはテニスをするのはそんなに好きではありません。
3. あなたはどれがいちばんよいと思いますか？
4. わたしはあの赤い色のがいちばんよいと思います。
5. わたしは、大学がいつ始まったのか知りません。

好きだ：喜欢 xǐhuan

そんなに〜でない：不太〜 bú tài〜
思う(感じる)：觉得 juéde
いちばんよい：最好 zuì hǎo
赤い色：红色 hóngsè
(学校が)始まる：开学 kāixué

読んでみよう

什 么 时 候 结 婚 的？
Shénme shíhou jiéhūn de?

赵：小 孙，你 和 小 陈 是 什 么 时 候 结 婚 的？
Zhào: Xiǎo-Sūn, nǐ hé xiǎo-Chén shì shénme shíhou jiéhūn de?

孙：是 两 年 前 结 婚 的。
Sūn: Shì liǎng nián qián jiéhūn de.

赵：他 是 哪 里 人？
Tā shì nǎli rén?

孙：他 是 四 川 人。
Tā shì Sìchuān rén.

赵：是 吗？ 听 不 出 来，我 以 为 是 北 京 人 呢。
Shì ma? tīngbuchū lái, wǒ yǐwéi shì Běijīng rén ne.

孙：你 爱 吃 川 菜 吗？ 他 做 川 菜 做 得 很 好。
Nǐ ài chī Chuāncài ma? Tā zuò Chuāncài zuò de hěn hǎo.

赵：我 最 爱 吃 川 菜。
Wǒ zuì ài chī Chuāncài.

孙：那 么， 这 个 星 期 天 到 我 家 来 吧。
Nàme, zhè ge xīngqītiān dào wǒ jiā lái ba.

赵：谢 谢。 那， 我 就 不 客 气 了。
Xièxie. Nà, wǒ jiù bú kèqi le.

是～结婚的 shì～jiéhūn de：説明の文"(是)～的。"の形。説明部分の動詞が目的語を伴っていると"的"が目的語の前に移ることがある。"结婚"は離合(動)詞なので、"婚"が目的語として機能すると"是～结的婚"となることがある。

听不出来 tīngbuchū lái："听出来"で「(そのように)聞いて分かる」。"听不出来"で「(そのように)聞き分けられない」。

川菜 Chuāncài：「四川料理」。"川"は"四川"のこと。

不客气了 bú kèqi le："不客气"で「遠慮がない」。"不客气了"で「遠慮しないことにする。」「遠慮しませんよ」。

19 不是喝啤酒吗？
[ビールを飲むんじゃないの？]

㊲ 你（是）喝咖啡还是喝红茶？
　　Nǐ (shì) hē kāfēi háishi hē hóngchá ?

㊳ 我们不是喝啤酒吗？
　　Wǒmen bú shì hē píjiǔ ma ?

◎選択疑問文

── "(是)～还是～？"の形で，「～(なのですか)それとも～なのですか？」という疑問文ができる。

你（是）喝咖啡还是喝红茶？
Nǐ (shì) hē kāfēi háishi hē hóngchá ?
　　（あなたはコーヒーを飲みますか，それとも紅茶を飲みますか？）

他（是）明天去还是后天去？
Tā (shì) míngtiān qù háishi hòutiān qù ?
　　（彼は明日行くのですか，それともあさって行くのですか？）

（是）你来还是她来？
(Shì) nǐ lái háishi tā lái ?
　　（あなたが来るのですか，それとも彼女が来るのですか？）

── "是"の文を選択疑問文の形にするときは，"是"は省略されず，必ず"是～还是～？"の形になる。

◇"是"の文→p.39

这 本 书 是 你 的 还 是 图 书 馆 的 ?
Zhè běn shū shì nǐ de háishi túshūguǎn de?
　　　　　（この本はあなたのですか，それとも図書館のですか？）

◎強めの言い方（反語）

——"不是～吗？"の形で，「～ということではありませんか（そうでしょう）？」と反語の気持ちが伝えられる。

我 们 不 是 喝 啤 酒 吗 ?
Wǒmen bú shì hē píjiǔ ma?
　　　　　（わたしたちビールを飲むのではなかったの？）
他 不 是 明 天 来 吗 ?（彼は明日来るのではないの？）
Tā bú shì míngtiān lái ma?
不 是 你 去 吗 ?（あなたが行くのではないの？）
Bú shì nǐ qù ma?

◇日常使われる"可不是吗！" Kěbushì ma!　ももともと，反語の言い方。（そうでないなんてことがありましょうか？）→「そうですとも！」

【書き順】
啤 ｜ 丨 口 口 口' 口白 口白
　　　 口白 口卑 啤 啤 (11画)

——反語の気持ちは，ふつうの文でもイントネーションなどによって示すことができる。そのほか，"难道～吗？"nándào～ma?（「まさか～ではあるまい？」）、"哪儿有～？" nǎr yǒu～？（「どこに～があろうか？」）、"怎么会～？"zěnme huì～？（「どうして～ということがありえよう？」）など，副詞や助動詞を使って効果的に示すことができる。

他 难 道 不 来 吗 ?
Tā nándào bù lái ma?
　　　　　（彼はまさか来ないのではないでしょうね？）
我 哪 儿 有 工 夫 ?（わたしにひまなどあるものですか？）
Wǒ nǎr yǒu gōngfu?
她 怎 么 会 知 道 ?（彼女が知るはずがありましょうか？）
Tā zěnme huì zhīdao?

練習 19 不是喝啤酒吗？［ビールを飲むんじゃないの？］

1 意味をとりながら発音してみよう。

Ⅰ A：我们（是）去动物园还是去看电影？
　　Wǒmen (shì) qù dòngwùyuán háishi qù kàn diànyǐng?

　B：今天我在家看电视。
　　Jīntiān wǒ zài jiā kàn diànshì.

　A：我们不是约定一块儿去玩儿吗？
　　Wǒmen bú shì yuēdìng yíkuàir qù wánr ma?

Ⅱ A：他（是）喜欢吃鱼还是喜欢吃肉？
　　Tā (shì) xǐhuan chī yú háishi xǐhuan chī ròu?

　B：哼！鱼、肉他都不喜欢。
　　Hng! Yú、ròu tā dōu bù xǐhuan.

　A：你不是给他做菜吗？
　　Nǐ bú shì gěi tā zuò cài ma?

　B：今天他不来！
　　Jīntiān tā bù lái!

哼 hng：感嘆詞。不満、不信を示す。「ふん」。(この感嘆詞独特の発音。一般の音節構造とは違って，hとngとの合音。鼻にかけながら息を強く出す。)

2 中国語で言ってみよう。

1．彼らは買い物に行くの，それとも遊びに行くの？
2．彼らは遊びに行くのではないのですか？
3．あなたが行くのですか，それとも彼女が行くのですか？
4．彼女が行くのではないのですか？
5．このオーバーはあなたのですか，それともシァオホアのですか？

オーバー：大衣 dàyī

読んでみよう

塞翁失马
Sài wēng shī mǎ

边塞 村子 里 有 一 个 老翁。他 的 一 匹 马 不 见
Biānsài cūnzi lǐ yǒu yí ge lǎowēng. Tā de yì pǐ mǎ bú jiàn
了。邻居们 都 来 安慰 他。老翁 说："丢 了 马,是 好
le. Línjūmen dōu lái ānwèi tā. Lǎowēng shuō: "Diū le mǎ, shì hǎo
事 还是 坏事？这 很 难 说。"过 了 几 天,马 跑回 来
shì háishi huài shì? Zhè hěn nán shuō." Guò le jǐ tiān, mǎ pǎohuí lái
了。还 带 来 了 另 一 匹 马。这 一 下 人们 都 来 祝贺
le. Hái dài lái le lìng yì pǐ mǎ. Zhè yí xià rénmen dōu lái zhùhè
他。老翁 说："这 件 事 是 福 还是 祸？还 很 难 讲。
tā. Lǎowēng shuō: "Zhè jiàn shì shì fú háishi huò? Hái hěn nán jiǎng.
不 是 已 有过 前例 了 吗？"又 过 了 几 天,老翁 的
Bú shì yǐ yǒuguo qiánlì le ma?" Yòu guò le jǐ tiān, lǎowēng de
儿子 骑 那 匹 被 带 来 的 马 摔 断 了 腿。邻居们 都
érzi qí nà pǐ bèi dài lái de mǎ shuāiduàn le tuǐ. Línjūmen dōu
来 安慰 他。老翁 说："这 件 事 是 灾 难 还是 幸 福？
lái ānwèi tā. Lǎowēng shuō: "Zhè jiàn shì shì zāinàn háishi xìngfú?
谁 会 知道！"过 了 一 年,胡 人 入 侵,年轻 人 都 被
Shéi huì zhīdao!" Guò le yì nián, húrén rùqīn, niánqīng rén dōu bèi
征 去 当 兵 了。村子 里 的 很 多 人 都 战死 了。而
zhēng qù dāng bīng le. Cūnzi lǐ de hěn duō rén dōu zhànsǐ le. Ér
老翁 和 那 个 摔 断 腿 的 儿 子 活下 来 了。
lǎowēng hé nà ge shuāiduàn tuǐ de érzi huóxià lái le.

难说 nán shuō："难"という形容詞は動詞の前に置いて，動詞に「～しにくい」という意味をつけ加える。"难说"で「言いにくい」。なお，"难说"で一つの形容詞のように機能する。ここでは "很" は "难说" 全体についている。"难"のほか "好" hǎo，"容易" róngyì などにも同様の使い方がある。

这一下 zhè yí xià：「今度」。"下" は回数を数えるときの量詞。

胡人 húrén：旧時，中国の北方ないし西域の異民族をいった。

被征去 bèi zhēng qù："征" は「徴用する」，"征去" で「かりたててつれさる」。これに "被" がついて受け身の言い方になっている。

20 什么也没有了
[何もなくなった]

㊴ 冰箱里什么也没有了。
Bīngxiāng lǐ shénme yě méi yǒu le.

㊵ 你有时间去买东西吗？
Nǐ yǒu shíjiān qù mǎi dōngxi ma?

◎強めの言い方（取り立て）

—— "什么" shénme などの疑問のことばを（不定の意味で使って）述語の前に取りたてて，"也" yě や "都" dōu と呼応させると，強めの言い方ができる。

我什么也不知道。(わたしは何も知らない。)
Wǒ shénme yě bù zhīdao.

谁都知道。(誰でも知っている。)
Shéi dōu zhīdao.

冰箱里什么也没有了。
Bīngxiāng lǐ shénme yě méi yǒu le.
　　　　　　　(冷蔵庫の中には何もなくなった。)

—— 介詞の "连" lián (「～まで(も)」「～さえ(も)」) を使った介詞句と，"也" や "都" とを呼応させると，強めの言い方ができる。

我 连 她 的 名字 也 不 知 道。
Wǒ lián tā de míngzi yě bù zhīdao.
(わたしは彼女の名前も知らない。)

连 小 孩 儿 都 知 道。(こどもでさえ知っている。)
Lián xiǎoháir dōu zhīdao.

── "一" yī を含んだことば(最小を意味する)を述語の前に提示して，"也"や"都"と呼応させると，強めの言い方ができる。

◇述語では"不"あるいは"没(有)"が使われる。

我 一 点 儿 都 不 知 道。(わたしは少しも知らない。)
Wǒ yìdiǎnr dōu bù zhīdao.

一 个 人 也 没(有) 来。(一人も来ていない。)
Yí ge rén yě méi(you) lái.

◎"有"の文の補足句

── "有"の文は基本的には"A 有 B。"の形をとるが，このBのあとにBを補足説明する動詞(句)をつけることがある。

◇"有"の文 → p.47

我 有 时 间 去 买 东 西。
Wǒ yǒu shíjiān qù mǎi dōngxi.
(わたしには買い物に行く時間があります。)

今 天 没 有 人 去 买 东 西。
Jīntiān méi yǒu rén qù mǎi dōngxi.
(今日は買い物に行く人がいない。)

── Bと補足説明する動詞(句)が主述の意味関係となる場合があるが，そのとき〔"有"＋B〕〔"没有"＋B〕の部分が主語のように感じられることがある。

没 有 人 去 买 东 西。(誰も買い物に行かない。)
Méi yǒu rén qù mǎi dōngxi.

有 人 来 找 你 了。(誰かがあなたを訪ねてきました。)
Yǒu rén lái zhǎo nǐ le.

練習 20 什么也没有了 [何もなくなった]

1 意味をとりながら発音してみよう。

Ⅰ A：同学们，都明白了吗？
　　Tóngxuémen, dōu míngbai le ma?

　B：老师，我有几个问题要问问！
　　Lǎoshī, wǒ yǒu jǐ ge wèntí yào wènwen!

　C：老师，我什么都不懂！
　　Lǎoshī, wǒ shénme dōu bù dǒng!

　A：那，我再讲讲，好好儿听听！
　　Nà, wǒ zài jiǎngjiang, hǎohāor tīngting!

Ⅱ A：这个位子有人坐吗？
　　Zhè ge wèizi yǒu rén zuò ma?

　C：有。
　　Yǒu.

　A：位子一个也没有了。
　　Wèizi yí ge yě méi yǒu le.

　B：我们在地下坐坐吧！
　　Wǒmen zài dìxia zuòzuo ba!

2 中国語で言ってみよう。

1．手伝ってくれる人はいないかな？
2．誰もいません。
3．シァオリーまでが遊びに行きました。
4．あなた，わたしといっしょに映画を見に行く時間がありますか〈ありませんか〉？
5．今，わたしにはほんのちょっとのひまもありません。

手伝う：帮忙 bāngmáng

ほんのちょっとのひま：一点儿工夫 yìdiǎnr gōngfu

読んでみよう

猴子捞月
Hóuzi lāo yuè

有一群猴子在树林里玩耍。看到一棵
Yǒu yì qún hóuzi zài shùlín lǐ wánshuǎ. Kàndào yì kē

树下有一口井,月亮的影子在井里晃来
shù xià yǒu yì kǒu jǐng, yuèliang de yǐngzi zài jǐng lǐ huàng lái

晃去,猴王说:"我有一件事要告诉你们。今
huàng qù, hóu wáng shuō: "Wǒ yǒu yí jiàn shì yào gàosu nǐmen. Jīn-

天月亮掉到井里去了。我们快把它捞出
tiān yuèliang diàodào jǐng lǐ qù le. Wǒmen kuài bǎ tā lāochū

来,免得夜间一片漆黑。"猴子们问:"怎么把
lái, miǎnde yèjiān yí piàn qīhēi." Hóuzimen wèn: "Zěnme bǎ

它捞出来呢?"猴王说:"我抓住树枝,另一个
tā lāochū lái ne?" Hóu wáng shuō: "Wǒ zhuāzhù shùzhī, lìng yí ge

抓住我的尾巴,一个连一个,就能把月亮
zhuāzhù wǒ de wěiba, yí ge lián yí ge, jiù néng bǎ yuèliang

捞出来。"猴子们立刻一个接一个,连成一
lāochū lái." Hóuzimen lìkè yí ge jiē yí ge, liánchéng yì

长串,快到水面时,树枝突然喀嚓一声断
cháng chuàn, kuài dào shuǐmiàn shí, shùzhī tūrán kāchā yì shēng duàn

了。猴子们一只也不剩,全落到井里去了。
le. Hóuzimen yì zhī yě bú shèng, quán luòdào jǐng lǐ qù le.

晃来晃去 huàng lái huàng qù:同じ動詞にそれぞれ"来"、"去"をそえて"〜来〜去"という形にすると、その動作がくりかえされることを示す。

免得 miǎnde:接続詞。「〜しないですむように」。後から補足的に述べる形をとる。

夜间一片漆黑 yèjiān yí piàn qīhēi:"一片漆黑"は「(あたり)一面の暗やみ」といったこと。この名詞性のことばが、ここでは述語として使われている。"夜间一片漆黑"で「夜がまったくの暗やみである」。

一长串 yì cháng chuàn:"串"は、つながったものを数える量詞。"一串"で「ひとつながり」。ここでは、量詞の"串"を"长"が修飾して"串"の示す単位が長いものであることを示している。「ひとつの長いつながり」。

喀嚓一声 kāchā yì shēng:"喀嚓"は擬声語。「ポキッ」といったところ。"喀嚓一声"で「ポキッと音をたてて」と、副詞的に使われる。

[著者紹介]

菊田正信（きくた・まさのぶ）

1936年生まれ。東京大学文学部卒業，同大学院（修士）修了。一橋大学名誉教授。〔著書など〕「中文语法」共著（大修館書店，1970年）。NHKラジオ・テレビ中国語講座担当（1974年～1981年）。月刊「基礎中国語」編集（三修社，1986年～1987年）。

黄麗華（ホアン・リーホア）

1958年，中国黒竜江省生まれ。立命館大学文学部卒業，文化女子大学大学院（修士）修了。現在，立命館大学非常勤講師。

中国語ステップ40　第2版

© Kikuta Masanobu, Huang Lihua　2002

NDC 821　104p　24cm

初版第1刷	1997年11月10日
第2版第2刷	2003年9月1日

著　者	菊田正信・黄　麗華
発行者	鈴木一行
発行所	株式会社大修館書店 〒101-8466 東京都千代田区神田錦町3-24 電話 03-3295-6231（販売部）　03-3294-2353（編集部） 振替 00190-7-40504 [出版情報] http://www.taishukan.co.jp
装丁者	井之上聖子
イラスト	すがわらけいこ
印刷所	倉敷印刷
製本所	関山製本

校正／三冬社

ISBN4-469-23223-8　　　Printed in Japan

Ⓡ本書の全部または一部を無断で複写複製（コピー）することは，著作権法上での例外を除き禁じられています。